Stottern

Fortschritte der Psychotherapie
Band 32
Stottern
von Prof. Dr. Hans-Georg Bosshardt

Herausgeber der Reihe:
Prof. Dr. Dietmar Schulte, Prof. Dr. Kurt Hahlweg,
Prof. Dr. Jürgen Margraf, Prof. Dr. Dieter Vaitl

Begründer der Reihe:
Dietmar Schulte, Klaus Grawe, Kurt Hahlweg, Dieter Vaitl

Stottern

von Hans-Georg Bosshardt

HOGREFE GÖTTINGEN · BERN · WIEN · PARIS · OXFORD · PRAG
TORONTO · CAMBRIDGE, MA · AMSTERDAM · KOPENHAGEN

Prof. Dr. Hans-Georg Bosshardt, geb. 1944. 1964-1969 Studium der Psychologie in Berlin. 1973 Promotion. 1986 Habilitation. 1994 Ernennung zum außerplanmäßigen Professor. Seit 1991 Professor und Leiter der Arbeitsgruppe Sprache und Kognition an der Fakultät für Psychologie der Ruhr-Universität Bochum. Approbierter Psychologischer Psychotherapeut. *Forschungsschwerpunkte:* Sprechen im Alter, Sprechen von Stotterern, Einfluss von Sprechplanung und Belastungen des Kurzzeitgedächtnisses auf die Sprechflüssigkeit und die Aktivität des Kehlkopfes und der Sprechmuskulatur bei stotternden und nichtstotternden Personen.

Wichtiger Hinweis: Der Verlag hat für die Wiedergabe aller in diesem Buch enthaltenen Informationen (Programme, Verfahren, Mengen, Dosierungen, Applikationen etc.) mit Autoren bzw. Herausgebern große Mühe darauf verwandt, diese Angaben genau entsprechend dem Wissensstand bei Fertigstellung des Werkes abzudrucken. Trotz sorgfältiger Manuskriptherstellung und Korrektur des Satzes können Fehler nicht ganz ausgeschlossen werden. Autoren bzw. Herausgeber und Verlag übernehmen infolgedessen keine Verantwortung und keine daraus folgende oder sonstige Haftung, die auf irgendeine Art aus der Benutzung der in dem Werk enthaltenen Informationen oder Teilen davon entsteht. Geschützte Warennamen (Warenzeichen) werden nicht besonders kenntlich gemacht. Aus dem Fehlen eines solchen Hinweises kann also nicht geschlossen werden, dass es sich um einen freien Warennamen handele.

Bibliografische Information der Deutschen Nationalbibliothek

Die Deutsche Nationalbibliothek verzeichnet diese Publikation in der Deutschen Nationalbibliografie; detaillierte bibliografische Daten sind im Internet über http://dnb.d-nb.de abrufbar.

© 2008 Hogrefe Verlag GmbH & Co. KG
Göttingen · Bern · Wien · Paris · Oxford · Prag
Toronto · Cambridge, MA · Amsterdam · Kopenhagen

http://www.hogrefe.de
Aktuelle Informationen · Weitere Titel zum Thema · Ergänzende Materialien

Das Werk einschließlich aller seiner Teile ist urheberrechtlich geschützt. Jede Verwertung außerhalb der engen Grenzen des Urheberrechtsgesetzes ist ohne Zustimmung des Verlags unzulässig und strafbar. Das gilt insbesondere für Vervielfältigungen, Übersetzungen, Mikroverfilmungen und die Einspeicherung und Verarbeitung in elektronischen Systemen.

Satz: Grafik-Design Fischer, Weimar
Druck: AZ Druck und Datentechnik, Kempten (Allgäu)
Printed in Germany
Auf säurefreiem Papier gedruckt

ISBN 978-3-8017-1353-9

Inhaltsverzeichnis

1	**Beschreibung der Störung**	1
1.1	Einleitung	1
1.2	Bezeichnung	2
1.3	Definition	3
1.4	Epidemiologische Daten	4
1.5	Verlauf und Prognose	5
1.6	Differenzialdiagnose	7
1.6.1	Entwicklungsbedingte Sprechunflüssigkeiten und Stottern	7
1.6.2	Entwicklungsbedingtes und neurogenes Stottern	7
1.6.3	Stottern und Poltern	9
1.6.4	Komorbidität	10
2	**Störungstheorien und -modelle**	11
2.1	Genetische Faktoren und Umwelteinflüsse als Ursachen des Stotterns	11
2.2	Diagnosogene Theorie des Stotterns: Antizipierte Sprechschwierigkeiten als Auslöser und Folge von Stottern	12
2.3	Kontrolle der Sprechmotorik	14
2.3.1	Stabilität des motorischen Kontrollsystems	15
2.3.2	Störung der sensumotorischen Koordination	15
2.3.3	Veränderung der akustischen Rückmeldung	16
2.4	Stottern als Resultat von kognitiven und emotionalen Interferenzen mit Sprechen	17
2.4.1	Sprech- und Artikulationsgeschwindigkeit	18
2.4.2	Äußerungslänge	21
2.5	Zusammenfassung	21
3	**Diagnostik**	22
3.1	Klassifikatorische Einordnung und Erfassung therapierelevanter Dimensionen des Stotterns	22
3.2	Kodierung und Erfassung von Sprechunflüssigkeiten	24
3.2.1	Kodierhinweise für Stottern und „normale" Sprechunflüssigkeiten	25
3.2.2	Erfassung von Sprechunflüssigkeiten in Realzeit	27
3.2.3	Schwankungen der gemessenen Stotterrate	28
3.2.4	Erhebung eines vollständigen Balbutiogramms	29

3.3	Einstellungen zum Sprechen, Vermeidung und Kontrollüberzeugungen	31
3.4	Anamnese: Entstehung des Stotterns und Lebensumstände	32
3.5	Umgang mit widersprüchlichen Informationen	34

4 Behandlung des Stotterns ... 36

4.1	Darstellung der Therapiemethoden	36
4.1.1	Beratung von Stotternden und ihren Angehörigen	37
4.1.2	Stottern verstehen und identifizieren	41
4.1.3	Vermittlung tiefer Atmung und Bauchatmung	46
4.1.4	Zeitlupensprechen	49
4.1.5	Schrittweise Annäherung an flüssiges und natürliches Sprechen	51
4.1.6	Stotter-kontingente Behandlung	57
4.1.7	Verringerung negativer Gefühle und Verhinderung von Vermeidungsreaktionen durch Konfrontation	61
4.1.8	Affektkontrolle durch kognitive Umstrukturierung	65
4.1.9	Aufrechterhaltung flüssigen Sprechens im Alltag	69
4.1.10	Therapiedurchführung	72
4.2.	Wirkungsweise der Methoden	73
4.3	Effektivität und Prognose	75
4.4	Varianten der Methode und Kombinationen	78

5 Fallbeispiel ... 80

6 Weiterführende Literatur ... 83

7 Literatur ... 84
8 Anhang ... 92

	Adressen	92
	Zählbogen zur Ermittlung der Sprechflüssigkeit in der Therapiesituation	93
	Einschätzungen der Schwere des Stotterns und der Unnatürlichkeit des Sprechens	94
	Wochenübersicht zur Einschätzung der Schwere des Stotterns	95
	Balbutiogramm für Erwachsene	96
	Auswertungsbogen für Balbutiogramm	101
	Listen von ein-, zwei- und dreisilbigen Substantiven	102
	Beratungsbaustein: Aufklärung über die Natur des Stotterns	106

Karte:
Gesprächsleitfaden für die Anamnese

1 Beschreibung der Störung

1.1 Einleitung

„Ich hätte gerne sechs Brötchen". Dieser Satz enthält keine Besonderheiten und wäre nicht weiter erwähnenswert, wenn wir nicht erfahren würden, dass ein 24-jähriger Student sich diesen Satz auf dem 10-minütigen Weg zum Bäcker wieder und wieder vorgesprochen hat. Er hatte schon beim Weggehen von zu Hause ein mulmiges Gefühl in der Magengegend verspürt und überlegt, ob er überhaupt einkaufen gehen sollte. Eigentlich braucht er nur drei Brötchen. Beim inneren Wiederholen seines Einkaufswunsches hat er bemerkt, dass er mit Sicherheit „drei" nicht wird flüssig sprechen können. Deshalb hat er sich entschieden, zur Sicherheit lieber die doppelte Anzahl zu kaufen. „So groß ist der Preisunterschied nicht und ich kann ja auch morgen noch Brötchen essen", dachte der junge Mann bei sich. Der beschriebene Student zeigt Symptome chronischen Stotterns. Zur Zeit gibt es in allen Ländern der Erde ca. 1 % der erwachsenen Menschen, die solche oder ähnliche Erfahrungen machen (ca. 800 Tausend Menschen in der Bundesrepublik).

Ca. 1 % der Bevölkerung stottert

Beim Stottern werden Laute oder Silben wiederholt, gedehnt oder mit Anzeichen von großer motorischer Anstrengung gesprochen. Stotterereignisse können manchmal quälend lange dauern (mehrere Sekunden) oder so flüchtig sein, dass sie vom ungeschulten Beobachter kaum bemerkt werden, sie können bei jedem zweiten Wort oder nur gelegentlich vorkommen. Die beobachtbaren Symptome des Stotterns vermitteln ein unvollständiges Bild. Diese Ereignisse treten bei den meisten stotternden Menschen nur gelegentlich, bei 5 % bis 15 % der Worte, auf und binden dennoch bei den Betroffenen große Teile der Aufmerksamkeit und Planung, beeinflussen die Berufswahl, die Wahl von Hobbys, Freunden und Lebenspartnern. Die Betroffenen reagieren auf einzelne Stotterereignisse mit tiefgreifenden Gefühlen der Scham, der Frustration, teilweise auch der Wut und der Aggression sowohl gegen sich selbst als auch gegen nichtstotternde Menschen, die sie abwerten könnten und die es im Leben ihrer Meinung nach einfacher haben, weil sie sprechen können, was ihnen in den Sinn kommt, ohne darüber nachdenken zu müssen.

Scham und Frustration wegen des Stotterns

Stottern ist eine Entwicklungsstörung. In aller Regel hat der oben vorgestellte Student vor seinem dritten Geburtstag angefangen, mit zahlreiche-

Stottern ist eine Entwicklungs-störung

ren und auffälligeren Sprechunflüssigkeiten zu sprechen als seine Altersgenossen. Er hat als Kind bereits die frustrierende Erfahrung machen müssen, dass er nicht sagen konnte, was er wollte und dass er es nicht so sagen konnte, wie er wollte. Er hat möglicherweise den Spott anderer Kinder erfahren und sich geschämt. Viele betroffene Kinder reagieren aber auch von sich aus bereits im frühen Alter sehr selbstkritisch. Diese Erfahrungen haben seine sozialen Erfahrungen in Kindergarten und Schule geprägt. Er hat begonnen, bestimmte Situationen zu vermeiden und sein Sprechen so modifiziert, dass die Symptome möglichst unauffällig werden. Möglicherweise hat er auch gelernt, starke, auffällige und teils grotesk anmutende Grimassen oder andere Bewegungen einzusetzen, um die Blockade der Sprechmuskulatur zu lösen. Als wir ihm erstmals beim Bäcker begegnet sind, hat er jedenfalls bereits ca. zwanzig Jahre lang trainiert, seine Sprechschwierigkeiten zu kontrollieren und so unauffällig wie möglich zu machen. Die Scham über das Stottern kann soweit gehen, dass das Sprechen über das Stottern in vielen Familien ein Tabuthema ist.

Therapie als bewusste Kontrolle des Sprechablaufs

Behandlung von Einstellungen und Emotionen zum Stottern

In diesem Buch werden Behandlungen für diese Störung vorgestellt, die eine bewusste Kontrolle des Sprechablaufs ermöglichen. Im Verlauf der Therapie wird der Einsatz dieser Techniken soweit als möglich automatisiert. Sprechtechnische Behandlungen müssen ergänzt werden durch Veränderungen der Einstellung zur Kommunikation und der emotionalen Reaktionen auf Sprechunflüssigkeiten.

1.2 Bezeichnung

Stottern wird im Amerikanischen als „stuttering" und im britischen Englisch als „stammering" bezeichnet. Im Deutschen hat „Stottern" wie im Englischen eine doppelte Bedeutung: „Stottern als Ereignis" bezieht sich auf konkrete Ereignisse im Sprechablauf, die im Vergleich zum „normal" flüssigen Sprechen durch einen veränderten Zeitablauf, erhöhte Sprechanstrengungen und Reaktionen auf solche Veränderungen gekennzeichnet sind; im Unterschied hierzu bezeichnet „Stottern als Disposition" eine überdauernde Tendenz von Personen, auf eine stotternde Weise zu sprechen.

Stottern als Ereignis

Stottern als Disposition

Vorurteile gegenüber stotternden Personen umfassen negative Bewertungen und Erwartungen, die sich auf viele Bereiche beziehen, die nicht unmittelbar mit der Sprechfähigkeit zusammenhängen. So hat man gefunden, dass die beruflichen Kompetenzen stotternder Menschen geringer eingeschätzt werden als die von nichtstotternden Menschen (u. a. Silverman & Paynter, 1990). Diese Einschätzungen haben keine Grundlage. Wenn wir von jemandem wissen, dass er (oder sie) stottert, so lässt diese Tatsache keine Rückschlüsse auf die intellektuelle oder berufliche Leistungsfähigkeit zu.

Stottern erlaubt keine Rückschlüsse auf Intelligenz

Die berufsständischen Vereinigungen, American Speech-Language-Hearing Association (1999) und American Psychological Association (2001) vertreten eine „Person-zuerst"-Terminologie („Personen, die stottern" anstelle von „Stotterer"), in der nicht die Behinderung oder Störung, sondern die Person zuerst genannt wird. Empirische Untersuchungen zeigen allerdings, dass die Bewertung stotternder Personen weitgehend unabhängig davon ist, ob sie als „Stotterer" oder – in Übereinstimmung mit der „Person-zuerst"-Strategie – als „Personen, die stottern" bezeichnet werden (Dietrich, Jensen & Williams, 2001; St. Louis, 1999). Einstellungsänderungen können offenbar auf terminologischem Wege alleine nicht erreicht werden. Aus diesem Grunde wird hier variabel die eine oder andere Terminologie gebraucht.

Es ist bemerkenswert, dass auch stotternde Personen selbst und ihre Therapeuten negative Einstellungen zum Stotterer haben. Bei erwachsenen Betroffenen ist eine Tendenz zur Selbstabwertung meist Bestandteil der Symptomatik (s. hierzu auch Kap. 4.1.7 und 4.1.8). In Interviews thematisieren stotternde Personen vor allem Hilflosigkeit, Scham, Furcht und Vermeidung als dominante Themen.

Selbstabwertung ist Bestandteil der Symptomatik

1.3 Definition

Stottern ist eine entwicklungsbedingte Störung der Sprachproduktion. Neuere Daten von Månsson (2000a) und von Yairi und seinen Kolleginnen (zusammengefasst von Yairi & Ambrose, 2004) zeigen, dass mindestens 90 % vor dem 4. Lebensjahr zu stottern beginnen. Die Symptomatik des Stotterns wird im DSM-IV (Diagnostisches und Statistisches Manual psychischer Störungen DSM-IV, 1996) differenzierter beschrieben als im ICD-10 (Weltgesundheitsorganisation, 2005). Deshalb folgt die vorliegende Darstellung weitgehend der Klassifikation nach dem DSM-IV (vgl. Kasten, S. 4). Kernsymptom des Stotterns ist eine charakteristische Störungen im zeitlichen Ablauf der Laut- Silben- oder Wortproduktion (Kriterium A im Kasten), die hauptsächlich durch Dehnungen und Wiederholungen von Lauten, Silben und Wörtern sowie durch erhöhte Sprechanstrengungen gekennzeichnet ist.

Störung des zeitlichen Ablaufs des Sprechens

Im Unterschied zum Stottern ist beim Poltern („cluttering" auf Englisch; F98.6) die Sprachverständlichkeit durch eine sehr unregelmäßige und unnatürlich erhöhte Sprechgeschwindigkeit stark beeinträchtigt. Auch fehlt bei polternden Menschen meist ein Störungsbewusstsein (s. a. Kap. 1.6.3). Die Differenzialdiagnose zwischen Stottern und Poltern kann im Einzelfall schwierig sein, da eine Erhöhung der Sprechgeschwindigkeit vielfach auch mit einer zeitweilig oder dauerhaft erhöhten Sprechunflüssigkeit einhergehen kann (Grohnfeld, 1992).

Stark erhöhte und unregelmäßige Sprechgeschwindigkeit beim Poltern

> **Diagnosekriterien für Stottern nach DSM-IV**
> **(307.0; F98.5 nach ICD-10)**
>
> A. Eine dem Alter der Person unangemessene Störung des normalen Redeflusses und des Zeitmusters beim Sprechen, die durch häufiges Auftreten von mindestens einem der folgenden Kriterien charakterisiert ist:
> 1. Wiederholungen von Lauten und Silben,
> 2. Lautdehnungen,
> 3. Einschieben von Lauten und Silben,
> 4. Wortunterbrechungen (z. B. Pausen innerhalb eines Wortes),
> 5. hörbares oder stummes Blockieren (z. B. ausgefüllte oder unausgefüllte Sprechpausen),
> 6. Umschreiben (Wortsubstitutionen, um problematische Wörter zu umgehen),
> 7. unter starker physischer Anspannung geäußerte Wörter,
> 8. Wiederholungen einsilbiger ganzer Wörter (z. B. „Ich geh, geh, geh weg").
> B. Redeflussstörung behindert die schulischen bzw. beruflichen Leistungen oder die soziale Kommunikation.
> C. Liegt ein sprechmotorisches oder sensorisches Defizit vor, sind die Sprechschwierigkeiten wesentlich größer als diejenigen, die gewöhnlich bei diesem Problem auftreten.
>
> *Codierhinweis:* Liegt ein sprachmotorisches oder sensorisches Defizit oder ein neurologischer Krankheitsfaktor vor, werden diese auf Achse III kodiert.

Behinderung durch Stottern

Die DSM-IV-Klassifikation für Stottern berücksichtigt, dass sich im Verlauf der Sprachentwicklung die Sprechflüssigkeit normalerweise beträchtlich erhöht und dementsprechend die Häufigkeit von Sprechflüssigkeit nicht unabhängig vom jeweiligen Stand der Sprachentwicklung beurteilt werden kann. Nach dem DSM-IV muss die Sprechunflüssigkeit ein solches Ausmaß erreichen, dass sie schulische oder berufliche Leistungen oder die Kommunikation behindert (Kriterium B). Bei Vorliegen sprechmotorischer oder sensorischer Defizite sollten die beobachteten Sprechschwierigkeiten größer sein als aufgrund dieser Defizite zu erwarten wäre. Zusätzlich sollten in diesem Fall die Defizite auf Achse III des DSM-IV kodiert werden (Kriterium C).

1.4 Epidemiologische Daten

Aus einer Zusammenschau der Ergebnisse von insgesamt 37 Untersuchungen von Schulkindern aus den USA und europäischen, afrikanischen und australischen Ländern ermittelte Bloodstein (1995, S. 106 f.) eine Prävalenzrate von 1 %. Die Lebenszeitprävalenz bei Erwachsenen wird etwas niedriger als 1 % eingeschätzt. Diesen Prävalenzraten steht eine Inzidenz von ca. 5 % der Bevölkerung gegenüber, die irgendwann in den ersten neun Lebensjahren über eine Dauer von mindestens sechs Monaten Stottersymptome gezeigt haben. Die Diskrepanz zwischen Prävalenz und Inzidenz (vgl. Tabelle 1) lässt darauf schließen, dass das Stottern eine nennenswerte Remissionsrate aufweist (s. a. Kap. 1.5).

Tabelle 1:
Prävalenz- und Inzidenzraten des Stotterns

Prävalenz (Bloodstein, 1995)		Inzidenz (Månsson, 2000a; 2000b)
Erwachsene	< 1 %	in den ersten 9 Lebensjahren: 5,2 %
Schulkinder	ca. 1 %	

Je älter die Kinder sind, deren Prävalenzraten untersucht werden, desto größer ist auch der Anteil der betroffenen Jungen im Verhältnis zu den Mädchen (vgl. Tabelle 2). Die Studien stimmen darin überein, dass die Remissionsraten bei Mädchen deutlich höher sind als bei Jungen (s. a. Kap. 1.5).

Tabelle 2:
Prävalenzraten des Stotterns bei Jungen (J) und Mädchen (M) unterschiedlicher Altersgruppen (Buchstaben in Klammern geben den Literaturbezug an)

Altersgruppe		Geschlechtsverhältnis (J : M)
10 Jahre	(a)	5 : 1
6 Jahre	(a)	3 : 1
5 Jahre	(b;c)	3 : 1
3 Jahre	(b;d)	ca. 2 : 1

Anmerkung: a) Bloodstein (1995); b) Månsson (2000a; 2000b); c) Johannsen (2001); d) Yairi und Ambrose (1999).

1.5 Verlauf und Prognose

Im vorigen Abschnitt wurde dargestellt, dass die Inzidenz wesentlich höher als die Prävalenz ist. Diese Diskrepanz zeigt, dass die Störung nur in wenigen Fällen persistiert. Die Schätzungen für die Remissionsraten schwanken zwischen 32 % (Johnson & Associates, 1959) und 85 % (Månsson, 2000a), wobei die verlässlicheren Daten aus Längsschnittstudien generell höhere Schätzungen als Querschnittstudien liefern. Yairi und Ambrose (1999) berichten eine realistische Remissionsrate von 74 % bei Vorschulkindern, die zunächst übereinstimmend von Eltern und Untersuchern als Stotterer diagnostiziert worden sind und die nach ebenfalls übereinstim-

Remissionsrate von 74 %

mendem Urteil beider Gruppen vier Jahre später keine Hinweise auf pathologische Sprechunflüssigkeiten mehr zeigten.

Neuere Studien zeigen übereinstimmend, dass die Remissionsraten sowohl vom Alter als auch vom Geschlecht abhängig sind: Bei jüngeren Kindern sind sie höher als bei älteren und nähern sich nach der Pubertät Null. Bei Mädchen, die jünger als 7 Jahre alt sind, ist die Remissionsrate höher als bei Jungen. Im Alter von 7 bis 9 Jahren kehrt sich dieses Verhältnis vorübergehend um (vgl. Tabelle 3).

Tabelle 3:
Remissionsraten des Stotterns in Abhängigkeit von Alter und Geschlecht

Altersgruppe	Geschlechtsverhältnis (J : M)	
Alterszeitraum 3 bis 5 Jahre (Månsson, 2000a; 2000b)	Kinder	69 %
	Jungen	63 %
	Mädchen	80 %
Alterszeitraum 5 bis 6.5 Jahre (Johannsen, 2001)	Kinder	55 %
	Jungen	48 %
	Mädchen	75 %
Alterszeitraum 7 bis 9 Jahre (Johannsen, 2001)	Kinder	23 %
	Jungen	26 %
	Mädchen	13 %

Begriff der „Spontanremission" ist irreführend

Selbstmodifikation als Ursache für Remissionen

In vielen Studien mit Kindern kann nicht genau geklärt werden, ob Remissionen auf professionelle therapeutische Interventionen oder auf andere Faktoren zurückzuführen sind. Der Begriff „Spontanremission" ist insofern irreführend, als er nahelegt, Heilungen seien das Resultat eines Reifungs- oder Wachstumsprozesses, und Interventionen seien überflüssig. Diese Vorstellung ist unzutreffend (zusammenfassend Finn, 2004). Wenn man nachweisen will, dass sich entwicklungsbedingte chronische Stottersymptome auch ohne professionelle Therapie verringern oder vollständig verschwinden können, müssen die Aussagen der Betroffenen sorgfältig verifiziert werden. Dasselbe trifft auch auf die Behauptung zu, niemals professionell behandelt worden zu sein. Sehr sorgfältig kontrollierte Studien zeigen, dass auch im Erwachsenenalter ohne professionelle Unterstützung vereinzelt noch „Spontanheilungen" im Sinne von Besserungen der Sprechflüssigkeit und spontan flüssigem Sprechen vorkommen (Finn, 2004). „Spontan" im Sinne von Reifungsvorgängen sind diese Besserungen allerdings nicht, da die Betroffenen sehr differenziert berichten können, welche selbstmodifikatorischen Praktiken sie angewendet haben, um ihre Sprechflüssigkeit zu erhöhen.

1.6 Differenzialdiagnose

1.6.1 Entwicklungsbedingte Sprechunflüssigkeiten und Stottern

Als Gruppe gesehen, sprechen Kinder im Vorschulalter insgesamt unflüssiger als ihre Eltern. Allerdings gibt es auch bereits in frühen Stadien der Sprachentwicklung große individuelle Unterschiede in der Sprechflüssigkeit. Tatsächlich spricht etwa ein Drittel der Zweijährigen ähnlich flüssig wie ihre Eltern. Ein weiteres Drittel der Kinder dieser Altersgruppe spricht im Vergleich mit Erwachsenen weniger flüssig und nur bei einem weiteren Drittel ist die Häufigkeit von Sprechunflüssigkeiten stark erhöht. In dem letztgenannten Drittel gibt es eine Minderheit von Kindern, die als stotternde Sprecher diagnostiziert werden können. Neuere Daten zeigen, dass auch bereits die ersten Anfänge des Stotterns individuell höchst unterschiedlich ausgeprägt sind (zusammenfassend Yairi & Ambrose, 2004); dementsprechend individualisiert können auch die Entwicklungsverläufe sein.

Große individuelle Unterschiede in der Sprechflüssigkeit

In der älteren Literatur (u. a. Johnson & Associates, 1959) wurde eine Kontinuität zwischen „normalen", entwicklungsbedingten Sprechunflüssigkeiten und Stottern als einer pathologischen Form der Sprechunflüssigkeiten gesehen. Neuere Untersuchungen (Ambrose & Yairi, 1999) zeigen jedoch, dass stotternde Kinder bereits zu Beginn der Störung qualitativ andere Formen der Sprechunflüssigkeiten aufweisen als nicht stotternde. Es sind dies insbesondere Wiederholungen von Teilworten und einsilbigen Worten sowie Lautdehnungen, Unterbrechungen in und zwischen Worten, die mit dem Aufbau erhöhter Anspannung in den Sprechorganen und plötzlicher Spannungslösung einhergehen (so genannte Blocks). Hieraus ergibt sich, dass diese Arten von Sprechunflüssigkeiten differenzialdiagnostisch besonders aufschlussreich sind.

Stotternde Kinder zeigen andere Unflüssigkeiten als nicht stotternde

Wiederholungen von Teilworten, Lautdehnungen und erhöhte Sprechanstrengungen

In Tabelle 4 (S. 8) sind in Anlehnung an Guitar (2006) die relevanten Dimensionen zusammengestellt. Abweichend von Guitars Auffassung werden diese Dimensionen hier nicht als Entwicklungsverläufe aufgefasst, da die von Guitar vorgeschlagene Typologie der Heterogenität tatsächlicher Verläufe nicht gerecht wird (zusammenfassend Yairi & Ambrose, 2004).

1.6.2 Entwicklungsbedingtes und neurogenes Stottern

Entwicklungsbedingtes Stottern tritt erstmals vor dem Eintritt in die Pubertät auf, während neurogenes Stottern praktisch in jedem Alter infolge einer Schädigung des Gehirns durch Verletzung, Schlaganfall, Drogenmissbrauch oder Sauerstoffmangel im Gehirn auftreten kann. Neurogenes Stottern

Entwicklungsbedingtes Stottern beginnt vor der Pubertät

Tabelle 4:
Fünf Hauptdimensionen der Schwere von Sprechunflüssigkeiten (Innerhalb jeder Dimension charakterisiert der Punkt a typischerweise nicht pathologische und die folgenden Punkte zunehmend pathologischere Ausprägungsformen)

Art und Häufigkeit der Sprechunflüssigkeiten	a) Art und Häufigkeit von Sprechunflüssigkeiten liegt unter 10% der Worte; es kommen nur ein- oder zweimalige Wiederholung vor; am häufigsten sind Interjektionen (z. B. ach, tja, huch), Revisionen (Korrekturen angefangener Sätze) und Wortwiederholungen; Wiederholungen von Wortteilen sind selten. b) 11% oder mehr Worte sind unflüssig; Vorkommen von mehr als zweimaligem Wiederholen; Wiederholungen von Wortteilen (Silben oder Lauten) sind häufiger als Revisionen und Interjektionen. Wiederholungen erfolgen in normalem Sprechtempo. c) Schnelle Wiederholungen, teilweise mit motorischer Anspannung und Blockierung. d) Blockierung des Sprechens mit Spannungsanzeichen, Lautdehnungen und Wiederholungen. e) Blockierungen und Lautdehnungen halten länger an, einige sind von Tremor begleitet.
Störungsbewusstsein	a) Sprechunflüssigkeiten werden vom Sprecher kaum beachtet. b) Der Sprecher beachtet die Sprechunflüssigkeiten nur gelegentlich. c) Häufig beachtet und antizipiert der Sprecher die Sprechunflüssigkeiten.
Motorische Anstrengung und Anspannung	a) Gelegentlich vorkommende Anspannungen sind keine Reaktion auf Sprechunflüssigkeiten b) Eben merklich erhöhte Anspannung und spannungsbedingte Fixierung der Sprechbewegung, besonders am Wortanfang. c) Deutlich erhöhte Anspannung begleitet Blockierungen, Lautdehnungen und Wiederholungen. d) Deutlich erhöhte Anspannung geht mit Tremor in Lippen, Zunge und Kinn einher.
Flucht- und Vermeidungsverhalten	a) Keine Anzeichen für Flucht- und Vermeidungsverhalten b) Fluchtverhalten tritt gelegentlich auf (Abbruch des Sprechens, Stereotype Wörter als „Starter", Augenblinzeln, Kopfbewegungen u. a.). c) Flucht- und Vermeidungsverhaltens begleiten das Stottern und sind soweit automatisiert, dass sie vom Betroffenen nicht mehr bewusst registriert werden.
Gefühle und Einstellungen zum Stottern	a) Anzeichen für Frustration oder Ärger über Sprechunflüssigkeiten fehlen. b) Gelegentlich ist der Sprecher frustriert über Sprechunflüssigkeiten, aber er bewertet sich deshalb nicht generell negativ. c) Furcht vor dem Stottern, Ärger während des Stottereignisses und Scham nach dem Stottereignis. d) Starke Ängste, Ärger und Schamgefühle in Zusammenhang mit Sprechen und Stottern. Der Betroffene entwickelt negative Einstellung zu sich selbst, als jemandem, der stottert.

kann nach ein- oder beidseitigen, fokalen oder diffusen Verletzungen sehr unterschiedlicher Hirnregionen auftreten (Lebrun, Leleux, Rousseau & Devreux, 1983; Rosenbek, 1984). Neurogenes Stottern kommt häufig – aber nicht notwendigerweise – zusammen mit anderen neurogenen Sprach- und Sprechstörungen vor (Dysarthrien[1], Aphasien[2], Sprechapraxien[3]). Während bei entwicklungsbedingtem Stottern die Sprechunflüssigkeiten nahezu ausschließlich am Wortanfang vorkommen, können sie beim neurogenen Stottern auch innerhalb von Worten und an Wortenden auftreten. Allerdings zeigen neuere Untersuchungen, dass nicht bei allen Fällen neurogenen Stotterns die Sprechunflüssigkeiten notwendigerweise auch innerhalb von Worten und am Wortende vorkommen müssen (Ackermann, Hertrich, Ziegler, Bitzer & Bien, 1996; van Borsel, van Lierde, Guldemont & van Orshoven, 1998). Bei entwicklungsbedingtem Stottern verringern Im-Chor-Sprechen, Singen, verlangsamtes Sprechen u. a. die Häufigkeit von Sprechunflüssigkeiten deutlich. Bei neurogenem Stottern wird dagegen die Häufigkeit von Sprechunflüssigkeiten durch diese Sprechbedingungen praktisch nicht beeinflusst.

1.6.3 Stottern und Poltern

Die Redeflussstörung „Poltern" stellt ein komplexes Störungsmuster dar, für das St. Louis und Myers (1997) 27 charakteristische Symptome u. a. in den Bereichen Sprechgeschwindigkeit (schnell und unregelmäßig), Sprechflüssigkeit (Wort- und Phrasenwiederholungen), Sprachfähigkeit (desorganisierte, inkohärente Äußerungen), Artikulation (Auslassung und Fehlartikulation von Lauten) und Sonstigem (z. B. geringe Aufmerksamkeitsspanne) auflisten. Eine ähnliche Liste hat Iven (1998) auf Deutsch publiziert. Differenzialdiagnostisch zum Stottern ist bedeutsam, dass beim Poltern Ganzwort- und Phrasenwiederholungen vergleichsweise häufiger vorkommen. Man schätzt, dass etwa ein Drittel der Stotterer zugleich auch Poltersymptome zeigen. Das DSM-IV führt Poltern – anders als die früheren Fassungen – nicht mehr als Störung auf.

---

1 Bei dysarthrischen Störungen können die am Sprechen beteiligten Nerven und Muskeln nicht koordiniert werden oder gelähmt sein. Die Störung kann durch eine Reihe von neurologischen Schädigungen des Gehirns und der Hirnnerven verursacht sein. Die Aussprache kann verwaschen, heiser oder monoton klingen. Intelligenz und Sprachverständnis sind nicht beeinträchtigt.
2 Aphasien sind Beeinträchtigungen oder Ausfälle im Sprachverständnis oder der Sprachproduktion, die durch neurologische Schädigungen in einem oder mehreren Sprachzentren des Gehirns und deren neuralen Verbindungen hervorgerufen werden.
3 Sprechapraxie ist eine neurologisch bedingte Störung bei der Programmierung von Sprechbewegungen. Einzelne Laute werden ausgelassen oder durch andere ersetzt. Typischerweise werden Laute nicht durchgängig fehlerhaft gebildet. Floskeln und automatische Redeteile können korrekt gesprochen werden. Die Sprache kann monoton klingen und die Silben durch Pausen getrennt sein. Charakteristisch sind suchende Sprechbewegungen am Anfang des Sprechens.

1.6.4 Komorbidität

Nach Angaben von 241 amerikanischen Sprachtherapeuten (Arndt & Healey, 2001), die in Schulen tätig sind, erhalten 44 % (von insgesamt 467) der als Stotterer diagnostizierten Schüler im Alter zwischen 3 und 20 Jahren zusätzlich noch Diagnosen für phonologische (14 %), für Sprachstörungen (14 %), oder für beide Störungen (15 %). Bei den 56 % der insgesamt 467 Schüler, die Stottern als alleinige Diagnose erhalten haben, besteht allerdings zusätzlich bei 23 % der Verdacht auf das Vorhandensein von weiteren Störungen in einem der anderen genannten Bereiche. In einer neueren Befragung von insgesamt 1.242 an Schulen tätigen, amerikanischen Sprachtherapeuten (mit insgesamt 2.628 stotternden Kindern) haben Blood und seine Mitarbeiter (Blood, Ridenour Jr., Qualls & Scheffner Hammer, 2003) gefunden, dass lediglich 37,2 % ohne zusätzliche Diagnose über Sprech-, Sprach- oder andere Störungen waren. Unter den Begleitdiagnosen kamen phonologische (12,7 %) und artikulatorische Störungen (33,5 %) am häufigsten vor. Bei 34,3 % der stotternden Kinder kamen Störungen vor, die nicht dem Bereich der Kommunikationsstörungen zuzurechnen sind. Bei Jungen kamen Störungen der Kommunikation und andere Störungen signifikant häufiger als Begleitdiagnosen vor als bei Mädchen. Diese Daten zeigen, dass bei der Mehrzahl der Kinder und Jugendlichen bei der Diagnostik und Behandlung des Stotterns gleichzeitig vorhandene andere Störungen berücksichtigt werden müssen.

Nur 37 % stotternder Kinder haben keine Begleitdiagnosen

Begleitdiagnosen bei Schulkindern

Stottern geht vielfach einher mit Sprachstörungen vom expressiven oder rezeptiv-expressiven Typ (im Englischen auch als „specific language impairment" bezeichnet; Diagnose 315.31 im DSM-IV und F85.1 bzw. F85.2 nach ICD-10) und mit phonologischen Störungen (im Deutschen als „Stammeln" oder „Dyslalie" bezeichnet; DSM-IV: 315.39; ICD-10: F80.0).

Phonologische Störung als Hinweis auf erhöhtes Chronifizierungsrisiko

Das Risiko der Chronifizierung des Stotterns ist höher, wenn im Vorschulalter unmittelbar nach der Entstehung des Stotterns zusätzlich phonologische Beeinträchtigungen vorhanden sind (Paden, Yairi & Ambrose, 1999). Dies gilt allerdings nur, wenn die phonologische Beeinträchtigung sehr kurz nach dem ersten Auftreten der Stottersymptomatik im Vorschulalter festgestellt wird. Denn der phonologische Entwicklungsstand der Kinder, deren Stottern mindestens vier Jahre dauerte, war bereits zwei Jahre nach dem Beginn des Stotterns vergleichbar dem von Kindern, deren Stottern remittierte (vgl. Paden, Ambrose & Yairi, 2002; Paden et al., 1999). In einem frühen Stadium der Entstehung der Stottersymptomatik ist also das Vorhandensein von phonologischen Störungen ein Hinweis auf ein erhöhtes Chronifizierungsrisiko des Stotterns.

> **Begleitdiagnosen bei Erwachsenen**
>
> Etwa die Hälfte stotternder Jugendlicher und Erwachsener zeigen in sozialen Situationen Angstsymptome, die denen sozial phobischer Patienten vergleichbar sind.

Bei Jugendlichen und Erwachsenen haben wir es in der Regel mit einer chronifizierten Form des Stotterns zu tun. Hierbei ist die Angst vor sozialer Abwertung und die Vermeidung von sozialen Situationen eine ganz wesentliche Gruppe von Begleitsymptomen. Nach dem DSM-IV hängen Stottern und Sozialängste so eng miteinander zusammen, dass Stottern als Ausschlusskriterium für die Kodierung von sozialer Phobie gilt. Stein, Baird und Walker (1996) haben dieses Ausschlusskriterium einmal außer Acht gelassen und gefunden, dass 7 von 16 erwachsenen Stotterern die diagnostischen Kriterien für soziale Phobie erfüllten. Nach Kraaimaat, Vanryckeghem und van Dam-Baggen (2002) erreichen die Anspannung und das Unwohlsein in sozialen Situationen bei 50 % der 89 untersuchten Stotterer ein Ausmaß, das dem von sozial ängstlichen Patienten entspricht, die wegen dieser Symptomatik psychiatrisch behandelt werden. Zwar haben sozial phobische Patienten etwas andere Ängste als stotternde, aber Stärke und Behandlungsbedürftigkeit unterscheiden sich nicht.

Angst vor Abwertung und Vermeidung als Begleitsymptome

Behandlungsbedürftige Sozialangst bei Stotterern

2 Störungstheorien und -modelle

2.1 Genetische Faktoren und Umwelteinflüsse als Ursachen des Stotterns

Zwillingsstudien können Auskunft darüber geben, ob die Entstehung des Stotterns an genetische Voraussetzungen gebunden ist. Eineiige Zwillinge haben identisches Erbgut, während die Erbanlagen bei zweieiigen Zwillingen nur etwa zur Hälfte identisch sind. Untersuchungen der Stotterraten von eineiigen und zweieiigen Zwillingen haben ergeben, dass es bei eineiigen Zwillingen wesentlich häufiger als bei zweieiigen vorkommt, dass beide Zwillingsgeschwister stottern, d. h. eineiige Zwillinge haben höhere Konkordanzraten als gleichgeschlechtliche zweieiige Zwillinge. Dies spricht dafür, dass die Entstehung des Stotterns an noch nicht näher bekannte genetische Voraussetzungen gebunden ist. Allerdings gibt es bisher nur Vermutungen über den Erbgang (Felsenfeld, 1997). Das beobachtbare Erscheinungsbild des Stotterns ist nicht nur durch die genetische Ausstattung, sondern auch durch Umgebungsbedingungen bestimmt. Dieselben

Genetische Voraussetzungen für die Entstehung des Stotterns

Umwelteinflüsse auf die Entstehung des Stotterns

Untersuchungen, die die Bedeutsamkeit genetischer Faktoren für das Stottern belegen, liefern zugleich auch Hinweise auf bedeutsame Einflüsse von Umweltfaktoren. Zum einen liegt die Konkordanzrate auch bei eineiigen Zwillingen deutlich unter 100 % (63 % nach Howie, 1981a). Dies beweist, dass auch Umweltfaktoren an der Entstehung des Stotterns beteiligt sind. Darüber hinaus ist die Schwere des Stotterns in vergleichsweise geringerem Ausmaß genetisch determiniert als die Auftretenswahrscheinlichkeit der Störung (Howie, 1981b; Kidd, 1984). Die Schwere der Symptomatik ist primär durch Umweltfaktoren beeinflusst. Therapeutische Maßnahmen stellen zielgerichtet eingesetzte Umweltbedingungen dar, die geeignet sind, auch bei genetisch vorbelasteten Personen die Schwere des Stotterns zu modifizieren.

2.2 Diagnosogene Theorie des Stotterns: Antizipierte Sprechschwierigkeiten als Auslöser und Folge von Stottern

Diagnosogene Theorie: Fehldiagnose der Eltern als Ursache des Stotterns

Wendell Johnson hat sich gegen die Auffassung von Orton und Travis gewandt, dass Stottern eine „tiefgreifende neurophysiologische Störung" sei (1931, S. 95). Johnson hat zum ersten Mal Stottern als Ereignis betrachtet, dessen situative Bedingungen empirisch untersucht werden müssen, damit wirksame therapeutische Maßnahmen aus den so gewonnenen Erkenntnissen entwickelt werden können. Nach Johnsons „diagnosogener" Theorie des Stotterns (1959) setzen Ängste vor zunächst normalen entwicklungsbedingten Sprechunflüssigkeiten Lernprozesse in Gang, an deren Ende die chronifizierte Stottersymptomatik steht. Ausgangspunkt für diesen Lernprozess ist eine Fehldiagnose durch die Erziehungspersonen, die entwicklungsbedingte Sprechunflüssigkeiten als „Stottern" fehl diagnostizieren und dadurch aversive emotionale Reaktionen auf Sprechunflüssigkeiten provozieren. Erwartete Sprechschwierigkeiten bei Lauten, Worten oder in bestimmten Situationen veranlassen Kinder zu vermehrten Sprechanstrengungen, die ihrerseits weitere Sprechunflüssigkeiten auslösen, und entsprechende Erwartungen verstärken.

Diagnosogene Theorie ist nicht haltbar, hat aber wichtige Resultate erbracht

Wegen zahlreicher theoriewidriger Befunde wird die diagnosogene Theorie heute nicht mehr ernsthaft vertreten. Die Auseinandersetzung mit dieser Theorie hat aber Resultate erbracht, die zentraler Bestandteil unseres heutigen Wissens über Stottern sind und die das therapeutische Vorgehen wesentlich bestimmen. Es soll deshalb kurz dargestellt werden, welche Rolle nach heutigem Forschungsstand die Eltern bei der Entstehung des Stotterns spielen. Danach wird dargestellt werden, dass antizipierte Sprechschwierigkeiten Stotterereignisse auslösen können und dass aus heutiger Sicht Angst nicht als Ursache für Stottern gelten kann:

- *Eltern verursachen nicht das Stottern ihrer Kinder.* Die Annahme, dass die Erziehungspersonen stotternder Kinder besonders hohe Anforderungen an die Kinder stellen und übermäßig kritisch und besorgt auf deren Sprechunflüssigkeiten reagieren und dadurch Stottern verursachen, hat empirischen Prüfungen nicht Stand gehalten (zusammenfassend Yairi, 1997). Einstellungen und Persönlichkeit der Eltern stotternder Kinder sind nicht kausal an der Entstehung des Stotterns beteiligt. In Therapien muss den Eltern daher vermittelt werden, dass sie nicht an der Entstehung des Stotterns ihrer Kinder „Schuld" sind. Sie können zwar durch ihr Verhalten das Stottern ihrer Kinder beeinflussen, aber sie haben es nicht verursacht.

  Eltern tragen keine Schuld am Stottern ihrer Kinder

- *Antizipierte Sprechschwierigkeiten und Stottern.* Trotz aller berechtigten Kritik an der diagnosogenen Theorie des Stotterns haben Johnson und seine Mitarbeiter den Einfluss von antizipierten Sprechschwierigkeiten auf das Stottern auf eine auch heute noch gültige Weise beschrieben. Antizipierte Sprechschwierigkeiten, soziale Befürchtungen und negative Einstellungen in die eigenen kommunikativen Fertigkeiten, die in einer konkreten Sprechsituation auftreten, haben nachweisbar Auswirkungen auf die Sprechflüssigkeit. Interessanterweise können solche antizipativen K(r)ampfreaktionen (Übersetzungsvorschlag von Fiedler und Standop, 1994) wirksam sein, ohne dass die Betroffenen selbst sich dessen bewusst sind und darüber berichten können (Avari & Bloodstein, 1974).

- *Angst ist nicht die Ursache des Stotterns.* Antizipierte Sprechschwierigkeiten können nicht mit „Angst" oder ähnlichen emotionalen Reaktionen in Verbindung gebracht werden. Diese Schlussfolgerung legen zwei Gruppen von Ergebnissen nahe. Zum einen unterscheiden sich nach den meisten Untersuchungen stotternde und nichtstotternde Kinder und Erwachsene nicht im Ausmaß der Ängstlichkeit, Neurotizismus (zusammenfassend Bloodstein, 1995, S. 232 f.) und Depressivität (Miller & Watson, 1992). Systematische Gruppenunterschiede zeigen sich lediglich bei solchen Maßen, die Einstellungen und Reaktionen auf spezifische Sprechsituationen erfassen (u. a. Kraaimaat et al., 2002; Messenger, Onslow, Packman & Menzies, 2004).

  Ein weiterer Befund, der es fragwürdig erscheinen lässt, dass Angst die Entstehung von Stottereignissen beeinflusst, ist der Nachweis, dass stotter-kontingente Strafreize (Elektroschocks, time-out, verbale Strafreize) bei Erwachsenen (Martin & Siegel, 1966a, 1966b) und Kindern (Martin, Kuhl & Haroldsen, 1972) die Stotterrate reduzieren. Diese Befunde waren der Anlass zur Entwicklung von operanten therapeutischen Verfahren (s. Kap. 4.1.6).

  Zusammenfassend lassen diese Resultate den Schluss zu, dass die von vielen stotternden Menschen berichtete Angst vor dem Stottern nicht notwendigerweise und nicht bei allen Betroffenen ursächlich an der Auslösung von Stottereignissen beteiligt ist, sondern vielmehr eine Folge des Stotterns darstellt.

  Angst ist Folge, nicht Ursache des Stotterns

2.3 Kontrolle der Sprechmotorik

Die Sprechbewegungen von stotternden Menschen sind durch einige Abnormalitäten und motorische Dekoordinationen gekennzeichnet. Diese können alle an der Lauterzeugung beteiligten Systeme, die Atmung, den Kehlkopf und die Artikulatoren (Kiefer, Zäpfchen, Zunge und Lippen) betreffen.

Besonderheiten der Sprechmotorik bei Stotterern

Dekoordination von Atembewegungen. Beim Atmen zeigen sich antagonistische Bewegungen im Brustkorb und im Zwerchfell, verlängerte In- und Exspirationsbewegungen, Unterbrechungen des Ein- und Ausatmens und ein Sprechbeginn beim Einatmen (zusammenfassend Bloodstein, 1995; Conture, Colton & Gleason, 1988; Zocchi et al., 1990). Diese Irregularitäten unterbrechen den Atemstrom oder stören die Koordination von Brust- und Bauchatmung, sodass – trotz erhöhter Anstrengung – die insgesamt bewegte Luftmenge gering ist. Kapitel 4.1.3 enthält Hinweise, wie diese Irregularitäten vom Therapeuten beobachtet und behandelt werden können.

Dekoordination der Kehlkopfmuskeln und des Zusammenspiels zwischen Kehlkopf und Atmung. Die Muskulatur im Kehlkopf (zusammenfassend Adams, Freeman & Conture, 1985) und das Zusammenspiel zwischen Kehlkopfmuskeln und Atmung (Peters, 1988; Zocchi et al., 1990) weisen bei stotternden Sprechern ebenfalls Besonderheiten auf. Insbesondere schwankt der Luftdruck unterhalb der Stimmlippen beim Sprechen von stotternden Personen sehr stark. Diese starken Druckschwankungen werden durch Spannungen und unkoordinierte Bewegungen in der Atem- und Kehlkopfmuskulatur hervorgerufen.

Verminderte motorische Geschicklichkeit. Wegen insgesamt geringerer sprechmotorischer Geschicklichkeit wurden längere Latenzen vor Sprechbeginn und eine langsamere Ausführung von Sprechbewegungen bei Stotterern im Vergleich zu nicht stotternden Sprechern gefunden (u. a. Peters, Hulstijn & Starkweather, 1989; Van Lieshout, Hulstijn & Peters, 1996).

Diese motorischen Besonderheiten und ihre neurophysiologischen Grundlagen wurden in den letzten beiden Jahrzehnten unter drei theoretischen Perspektiven konkretisiert. Der sprechmotorische Defekt wurde als Instabilität in einem dynamischen Kontrollsystem, als inadäquate zeitliche Koordination zwischen Sprechbewegungen oder als Folge eines gestörten auditiven Feedbacks beschrieben. Im Folgenden sollen diese drei theoretischen Ansätze und die Konsequenzen kurz vorgestellt werden, die sich aus ihnen jeweils für Stottertherapien ergeben.

2.3.1 Stabilität des motorischen Kontrollsystems

Smith und Kelly (Smith, 1999; Smith & Kelly, 1997) haben vorgeschlagen, Sprechbewegungen als Leistungen eines nichtlinearen dynamischen Systems aufzufassen. Instabilitäten im systemtheoretischen Sinne entstehen aus dem Zusammenwirken von Systembestandteilen, die – jedes für sich betrachtet – perfekt und fehlerfrei funktionieren. Ein instabiles dynamisches System produziert Bewegungen von größerer Variabilität, die per Zufall oder unter besonderen Belastungsbedingungen extreme Formen annehmen können. Stotterereignisse sind aus dieser Sicht das hörbare Resultat extremer Zustände in einem instabilen dynamischen System. Wesentlich ist dabei die Annahme, dass individuelle Stotterereignisse nicht notwendig individuelle ereignisbezogene Ursachen haben. Vielmehr entsteht Stottern, wenn das dynamische Kontrollsystem – bei unveränderten Systemcharakteristiken – extreme Zustände einnimmt. Der systemtheoretische Erklärungsansatz ist attraktiv, da er der großen zeitlichen und situativen Variabilität von Stotterereignissen Rechnung trägt.

Stottern resultiert aus einem instabilen Sprachkontroll-System

Ein gewichtiges Problem für diesen Ansatz besteht darin, dass er keine Erklärung für die spezifische Ausprägung der Stottersymptomatik liefert. Ungelöst ist beispielsweise, auf welche Weise aus instabiler motorischer Kontrolle (bzw. erhöhter Variabilität von Bewegungsmustern) die Stottern definierenden Laut- oder Silbenwiederholungen entstehen können. Außerdem wurde kritisch gegen den systemtheoretischen Ansatz vorgebracht, dass er bislang keine praktischen Auswirkungen auf Therapiemaßnahmen gehabt hat (für eine ausführlichere kritische Diskussion, s. R. J. Ingham, 1998).

Zusammenhang zwischen Instabilität und Stottern ist nicht geklärt

Aus systemtheoretischen Ansatz wurden keine Maßnahmen für Therapie abgeleitet

2.3.2 Störung der sensumotorischen Koordination

Zur Produktion verständlicher Sprache müssen die Sprechorgane zeitlich koordiniert zusammenwirken. Es gibt Hinweise darauf, dass Stotterer Schwierigkeiten haben, die am Sprechen beteiligten Organe in der für nicht stotternde Sprecher üblichen Geschwindigkeit zeitlich koordiniert zu bewegen (s. Peters, Hulstijn & van Lieshout, 2000). Stottern wird als Ergebnis gestörter sensumotorischer Koordination aufgefasst. Die Verlangsamung des Sprechens gehört zu den wirksamsten therapeutischen Techniken, die auf sprechmotorischer Ebene ansetzen (Andrews et al., 1983). Diese Techniken vermindern die Häufigkeit des Stotterns, da sie die Anforderungen an die Präzision der zeitlichen Koordination vermindern. Therapeutische Effekte der Verlangsamung der Sprechgeschwindigkeit lassen sich sehr gut mit der Annahme erklären, dass Stottern eine Folge sprechmotorischer Koordinationsproblem darstellt – allerdings lässt sich die Wirkung von Verlangsamung auf Stottern auch auf andere Weise erklären, wie in Kapitel 2.4 noch dargestellt werden wird. Die präzise Beschreibung der am Stottern beteiligten sprechmotorischen Vorgänge hat außerdem zu der Erkenntnis geführt,

Verlangsamung des Sprechens ist eine wirksame therapeutische Maßnahme

dass auch perzeptiv flüssige Teile der Rede durch unkoordinierte Bewegungsmuster mit erhöhtem Atemdruck und Muskelspannung erzeugt sein können (Cordes & Ingham, 1994; Peters, 1988; van Lieshout, 1995).

2.3.3 Veränderung der akustischen Rückmeldung

Veränderte akustische Rückmeldung kann Stottern reduzieren

Aus systemtheoretischer Perspektive kann Sprechen als ein Vorgang angesehen werden, der durch akustische Rückkopplung des Sprachsignals beeinflusst ist (Black, 1951; Lee, 1950). Stottern wurde ebenfalls mit akustischer Rückkopplung in Verbindung gebracht, weil veränderte akustische Rückmeldungen des eigenen Sprechens bei stotternden Sprechern symptomreduzierend wirken können (Zusammenfassung bei Natke, 1999). Drei Formen veränderter akustischer Rückmeldung werden in Stottertherapien verwendet. Beim Sprechen unter *verzögerter akustischer Rückmeldung* (DAF, delayed auditory feedback) spricht der Sprecher in ein Mikrofon, das Sprachsignal wird verstärkt und um einen Betrag zwischen 50 ms und 250 ms zeitlich verzögert über Kopfhörer dem Sprecher wieder dargeboten. Bei *frequenzmodifizierter Rückmeldung* (FAF, frequency-altered feedback) wird die Frequenz des Sprachsignals insgesamt geändert, bevor es verstärkt dem Sprecher wieder dargeboten wird. Durch eine Frequenzerhöhung hört der Sprecher seine eigene Sprache höher, durch Frequenzminderung tiefer als sie tatsächlich ist. Außerdem kann die akustische Rückmeldung der eigenen Sprache *durch Geräusche überdeckt oder maskiert* werden.

Alle diese Veränderungen akustischer Rückmeldung können bei Stotterern die Sprechflüssigkeit erhöhen. Dies legt die Annahme nahe, dass stotternde Personen akustische Rückmeldungen anders verarbeiten als nicht stotternde.

Hypothese: stotternde unterscheiden sich von nicht stotternden Menschen in der Hemmung der akustischen Rückmeldung

Neuere neurophysiologische Untersuchungen an nicht stotternden Sprechern (Curio, Neuloh, Numminen, Jousmaki & Hari, 2000) zeigen, dass die Wirkung verzögerter Rückmeldung mit einem Schutzmechanismus gegen Rückkoppelungseffekte beim Sprechen zusammenhängt. Salmelin und seine Mitarbeiter (1998) haben gefunden, dass der linke auditorische Kortex von stotternden Sprechern beim lauten Sprechen (nicht aber beim leisen Lesen und beim leisen Lesen mit stillen Artikulationsbewegungen) ein anderes Aktivierungsmuster als bei nicht stotternden Vergleichspersonen aufweist. Diese neurologischen Gruppenunterschiede lassen sich mit der Hemmung auditiver Rückmeldung des eigenen Sprechens in Verbindung bringen. Stottern kann in diesem Rahmen als Resultat unvollständiger oder auf andere Weise veränderter Hemmung der akustischen Rückmeldung angesehen werden (Stuart, Kalinowski, Rastatter & Lynch, 2002).

Die Annahme, dass die Inhibition akustischer Rückmeldung bei Stotterern anders abläuft als bei Nichtstotterern, sodass hierdurch Rückkoppelungsprozesse bei Stotterern wahrscheinlicher werden, erscheint beim gegenwärtigen Kenntnisstand aussichtsreich, wenn auch noch etwas spekulativ. Aussichtsreich erscheint dieser Erklärungsansatz deshalb, weil er eine Vielzahl von Beobachtungen integrativ erklären kann. Dies gilt insbesondere dann, wenn die veränderte Verarbeitung akustischer Rückmeldung bei Stotterern nicht als eine Art persönliche Konstante aufgefasst wird. Vielmehr ist damit zu rechnen, dass die Art der Verarbeitung akustischer Rückmeldung auch Schwankungen unterliegen kann, die durch unterschiedliche kognitive Belastungen hervorgerufen werden (vgl. Stuart et al., 2002).

Therapeutische Einsatzmöglichkeiten veränderter akustischer Rückmeldungen werden z. Zt. intensiv untersucht. Bisher fehlen noch schlüssige Erklärungen dafür, warum nur einige Patienten unter veränderten Rückmeldungen flüssiger sprechen und warum die positiven Wirkungen bei vielen Personen nur in bestimmten Situationen, aber nicht in anderen auftreten.

2.4 Stottern als Resultat von kognitiven und emotionalen Interferenzen mit Sprechen

Die Annahme, dass die am Sprechen beteiligten motorischen und nicht motorischen Teilprozesse miteinander interagieren, wurde von Adams, Starkweather und seinen Mitarbeiterinnen (Adams, 1990; Starkweather & Gottwald, 1990) in dem „Demands and Capacities"-Ansatz (Anforderungen und Fähigkeiten) entwickelt. Unter Einbeziehung von neurophysiologischen Überlegungen haben Andrews und Perkins ähnliche Erklärungsansätze erarbeitet (Andrews, Howie, Dozsa & Guitar, 1982; Perkins, Bell, Johnson & Stocks, 1979; Perkins, Kent & Curlee, 1991). In dem „Demands and Capacities"-Ansatz wird angenommen, dass Stottern auftritt, wenn die Anforderungen an flüssiges Sprechen die Fähigkeiten übersteigt. In den letzten Jahren wurde genauer spezifiziert, welche Anforderungen und welche Fähigkeiten beim Stottern im Ungleichgewicht sind (vgl. Bosshardt, 2006). Hierdurch werden Einwände gegen diese Konzeption, wie sie u. a. von Packman und Attanasio (2004) vorgebracht wurden, weitgehend gegenstandslos.

„Demands and Capacities"-Ansatz

Prozesse auf der sprechmotorischen Ebene können allein die Entstehung von Stotterereignissen nur unvollständig erklären (Zusammenfassungen bei Bosshardt, 2006; Conture, 2000). Aus dieser Sicht ist Sprechen das hörbare Endergebnis kognitiver Planungs- und Kodiervorgänge, die auf mehreren Ebenen gleichzeitig mit dem Aussprechen von früher Geplantem stattfinden. Parallele Verarbeitung auf mehreren Ebenen setzt voraus, dass jeder Teilprozess ungestört von den übrigen Teilprozessen ablaufen kann. Es hat sich jedoch gezeigt, dass Sprechplanung und Sprechmotorik von stotternden im Vergleich zu nicht stotternden Personen anfälliger für Interferenzen durch konkurrierende Prozesse sind (Bosshardt, 1999, 2002; Bosshardt, Ballmer & de Nil, 2002; R. L. Webster, 1997).

Emotionale Einflüsse auf das Stottern können mit denselben theoretischen Annahmen erklärt werden wie kognitive Einflüsse. Die Aktivierung emotionaler Erregung soll damit nicht mit kognitiver Überlastung gleichgesetzt werden. Aber es wird hier angenommen, dass Emotionen auch mit Kognitionen einhergehen, die das gleichzeitige Planen von Äußerungen und die gleichzeitige motorische Ausführung von Sprechbewegungen stören können. Wenn man beispielsweise jemanden um einen Gefallen bitten möchte, so wird u. U. nicht nur die Bitte selbst geplant. Vielmehr kann diese begleitet sein von Zweifeln an der eigenen kommunikativen Wirksamkeit, Befürchtungen über die negative Meinung des Gegenübers über meine Person, Befürchtungen über mögliche Sprechunflüssigkeiten beim Aussprechen der Bitte, von grundsätzlichen Bedenken über die Zumutbarkeit des Anliegens etc. Diese zusätzlichen Gedanken erhöhen das Ausmaß an kognitiver Belastung. Alle diese mit Emotionen einhergehenden Kognitionen erhöhen die Auslastung der Parallelverarbeitung und sind damit für Stotterer eine Quelle von Interferenzen.

Emotionen sind eine Quelle von Interferenzen

Neurophysiologische Grundlage der leichteren Störbarkeit des Sprechens von Stotterern

Eine neurophysiologische Erklärung für die größere Störbarkeit der Sprechplanung und der Sprechmotorik von Stotterern könnte darin liegen, dass bei Stotterern die am Sprechen beteiligten Teilprozesse in größerem Maße auf gemeinsamen neuronalen Ressourcen basieren, während bei Nichtstotterern die Teilprozesse in stärker getrennten neuronalen Systemen realisiert werden. In einer Untersuchung mit funktionaler Magnet-Resonanz-Tomografie haben de Nil und Bosshardt (2000) Ergebnisse erhalten, die diese Annahme stützen.

Das Ausmaß der zu einem gegebenen Zeitpunkt während des Sprechens konkurrierenden Gedanken ist auch von der Geschwindigkeit abhängig, mit der die jeweilige Äußerung produziert wird. Entsprechend sollen im folgenden Unterkapitel Zusammenhänge dargestellt werden, die zwischen Sprech- und Artikulationsgeschwindigkeit und Äußerungslänge einerseits und Stottern andererseits bestehen.

2.4.1 Sprech- und Artikulationsgeschwindigkeit

Sprechgeschwindigkeit ist ein globales Maß, in das sowohl Artikulationsrate (d. h. die Geschwindigkeit, mit der Silben oder Sprachlaute ausgesprochen werden) als auch Pausen, Wortwiederholungen, Korrekturen und andere Arten von Sprechunflüssigkeiten eingehen. Die Sprechgeschwindigkeit wird somit von der Geschwindigkeit der Lautproduktion und von allen Arten von Sprechunflüssigkeiten (einschließlich Stottereignissen) beeinflusst. Im Unterschied dazu entspricht die Artikulationsrate der Geschwindigkeit der Lautproduktion und wird durch die pro Zeiteinheit flüssig gesprochene Anzahl von Worten oder Silben erfasst. In vielen Untersuchungen (zusammenfassend, s. Bloodstein, 1995; de Andrade, Cervone & Sassi, 2003) wurde ein negativer Zusammenhang zwischen Sprechgeschwindigkeit und der Häufigkeit bzw. Schwere des Stotterns gefunden (d. h. je höher die Sprechgeschwindigkeit, desto geringer der Prozentsatz gestotterter Silben).

Negativer Zusammenhang zwischen Sprechgeschwindigkeit und Stottern

Es gibt auch Hinweise darauf, dass die Artikulationsrate, d. h. die Geschwindigkeit, mit der Sprechbewegungen ausgeführt werden, bei stotternden Personen mit der Entstehung des Stotterns zusammenhängt. Allerdings wurden nicht in allen Studien signifikante Unterschiede in den Artikulationsraten von stotternden und nicht stotternden Kindern gefunden. Eine Längsschnittuntersuchung von Kloth u. a. (1995) zeigt mögliche Gründe hierfür. Die Autoren haben 93 Vorschulkinder untersucht, die aus Familien stammen, in denen mindestens ein Elternteil stottert. Stotternde Kinder aus dieser Gruppe zeigten ein Jahr *vor Beginn* ihrer ersten Stottersymptome eine signifikant höhere Artikulationsrate (3,7 Silben/Sekunde) als die nicht stotternde Vergleichsgruppe (3,4 Silben/Sekunde). Allerdings waren die Artikulationsraten für beide Sprechergruppen langsamer als die Raten, die normal flüssig sprechende Kinder im Alter zwischen 3 und 5 Jahren zeigen (für englisch und niederländisch sprechende Kinder: 3,8 bis 4,3 Silben/Sekunde). Hieraus ist zu schließen, dass die von Kloth et al. (1995) untersuchten Risiko-Kinder verminderte Fertigkeiten zur Kontrolle schneller Sprechbewegungen haben. Es scheint, dass stotternde Kinder schneller sprechen, als ihre motorischen Kontrollfertigkeiten dies zulassen. Auf jeden Fall ist eine geringe Sprechgeschwindigkeit sowohl bei Kindern als auch bei Erwachsenen ein protektiver Faktor gegen die Entwicklung und Aufrechterhaltung einer Stottersymptomatik. Verlangsamte Sprechgeschwindigkeiten und Artikulationsraten gehören zu den effizientesten therapeutischen Maßnahmen zur Verminderung der Stotterrate (Andrews et al., 1983).

Artikulationsgeschwindigkeit und Stottern

Geringe Sprechgeschwindigkeit als protektiver Faktor

Interferenzannahme: Verlangsamtes Sprechen

Auf dem Hintergrund der Interferenzannahme ist anzunehmen, dass sowohl die Verlangsamung der Sprechgeschwindigkeit als auch der Artikulationsrate positive Effekte sowohl auf motorischer als auch auf kognitiver Ebene haben. Eine verlangsamte Ausführung von Sprechbewegungen erleichtert die Koordination von Sprechbewegungen und vermindert das Ausmaß, in dem Sprechgesten zeitlich überlappend geplant werden (Koartikulation). Zugleich geht eine verlangsamte Artikulation auch auf kognitivem Niveau mit einer Verminderung des Ausmaßes an Parallelverarbeitung einher, weil mehr Zeit für die ge-

Verlangsamte Artikulationsrate erleichtert die Koordination von Sprechbewegungen

Verlangsamte Artikulationsrate mindert die Parallelverarbeitung

danklich-inhaltliche Planung und Formulierung der Äußerung zur Verfügung steht (Perkins et al., 1979). Bosshardt (1999) hat gefunden, dass sowohl stotternde als auch nicht stotternde Sprecher unter Doppelaufgabenbedingungen ihre Artikulationsgeschwindigkeit vermindern. In der Stottertherapie wird das Sprechen willentlich verlangsamt, um sozusagen umgekehrt durch Verlangsamung der Sprechbewegungen eine Entlastung kognitiver und motorischer Planungsvorgänge zu erreichen.

Relation zwischen Sprechgeschwindigkeit der Eltern und ihrer Kinder als Risikofaktor

Die Artikulationsgeschwindigkeit der Eltern ist Modell für die Kinder. Deshalb wurde angenommen, dass eine erhöhte Sprechgeschwindigkeit der Eltern ein Risikofaktor für die Entstehung des Stotterns darstellt. Allerdings stützen die empirischen Befunde eine solche Annahme nicht einheitlich. Es wurde nicht in allen Untersuchungen der erwartete positive Zusammenhang zwischen der Sprechgeschwindigkeit der Eltern und der Wahrscheinlichkeit oder Schwere des Stotterns gefunden (Nippold & Rudzinski, 1995). Allerdings zeigen neuere Untersuchungen (zusammenfassend Gottwald, 1999; s. a. Schulze, 1991), dass weniger die absolute Geschwindigkeit als vielmehr die *Relation* zwischen der Sprechgeschwindigkeit der Eltern und der ihrer Kinder ein wichtiger Risikofaktor bei der Entstehung des Stotterns darstellt (Kloth, Kraaimaat, Janssen & Brutten, 1999; Yaruss & Conture, 1995). Yaruss und Conture (1995) haben gefunden, dass Eltern in Interaktionssituationen mit ihren Kindern im Vorschulalter schneller sprechen als ihre Kinder. Obwohl auch die Eltern nicht stotternder Kinder vergleichbar höhere Sprechgeschwindigkeit zeigen, korreliert bei den stotternden Kindern die Größe der Differenz mit der Schwere der Stottersymptomatik (Yaruss & Conture, 1995). Es ist anzunehmen, dass die kognitiven und/oder motorischen Fertigkeiten der Kinder zur Imitation dieser hohen Artikulationsraten nicht ausreichen. Wenn die Eltern deutlich schneller als ihrer Kinder sprechen, so ergeben sich hieraus für die Kinder beim Sprechen erhöhte Anforderungen an die Parallelverarbeitung und dies erhöht das Risiko zur Entwicklung und Aufrechterhaltung einer Stottersymptomatik.

Emotionale Reaktion auf Überforderung

Erhöhte Anforderungen durch das Elternvorbild können noch zusätzlich verstärkt werden, wenn die Kinder emotional auf Überforderungssituationen reagieren und hierdurch die Menge gleichzeitig ablaufender Prozesse noch zusätzlich erhöht ist. Auf dem Hintergrund der Interferenztheorie ist anzunehmen, dass das Stotter-Risiko mit der Anzahl der konkurrierenden Prozesse zunimmt, sofern eine entsprechende Disposition vorliegt. Die dispositionalen Voraussetzungen bestehen darin, dass sprechmotorische und kognitive Systeme bei manchen Kindern und Erwachsenen leichter durch konkurrierende kognitive Prozesse störbar sind als bei anderen.

2.4.2 Äußerungslänge

In längeren oder komplexeren Äußerungen wird häufiger gestottert als in kürzeren. Dies wurde wiederholt sowohl bei Kindern (zusammenfassend Bernstein Ratner, 1997; Bernstein Ratner & Sih, 1987; Logan & Conture, 1995; Melnick & Conture, 2000; Rommel, 2001; Yaruss, 1999) als auch bei Erwachsenen beobachtet (Jayaram, 1984). Es ist anzunehmen, dass der kognitive Verarbeitungsaufwand mit steigender Äußerungslänge zunimmt. Diese Befunde sind insoweit mit der Interferenzannahme erklärbar. Allerdings sind erwachsene Sprecher in der Lage, längere Äußerungen in kürzere Planungseinheiten zu segmentieren. Dies bietet die Möglichkeit, das Ausmaß an Parallelverarbeitung auch für längere Äußerungen zu reduzieren.

Zusammenhang zwischen Äußerungslänge und Stottern

2.5 Zusammenfassung

Im vorliegenden Kapitel wurde dargestellt, wie dispositionale Faktoren und Auslösebedingungen bei der Entstehung und Aufrechterhaltung der Stottersymptomatik zusammenwirken. Es wurde hier keine ausgearbeitete Störungstheorie dargestellt, sondern es wurden lediglich mögliche Eckpunkte einer solchen Störungstheorie in Umrissen skizziert.

Genetische Faktoren
– Die Art der genetischen Faktoren sind inhaltlich unspezifiziert. Es konnte belegt werden, dass an der Entwicklung der Störung genetische Voraussetzungen beteiligt sind. – Die Wahrscheinlichkeit der Entstehung einer Stottersymptomatik ist genetisch beeinflusst. – Die Schwere der Symptomausprägung ist nicht genetisch determiniert.
Entstehungsbedingungen des Stotterns
– Eltern verursachen *nicht* das Stottern ihrer Kinder, aber sie können es beeinflussen. – Antizipierte Sprechschwierigkeiten, soziale Befürchtungen und negative Einstellungen in die eigenen Fertigkeiten erhöhen die Sprechunflüssigkeiten. – Angst ist nicht Ursache, sondern Folge des Stotterns.
Abnorme Kontrolle der Sprechmotorik
– *Instabilität des motorischen Kontrollsystems:* Stotterereignisse werden als das Resultat von temporären Extremzuständen im motorischen System angesehen.

- *Störung sensumotorischer Koordination:* Die Koordinationsmuster von Bewegungen beim flüssigen Sprechen und Stottern wurden präzise beschrieben. Auslösebedingungen für unkoordinierte Bewegungen sind erhöhte Anforderungen an motorische Planung und Programmierung.
- *Veränderung akustischer Rückmeldung:* Zeitliche Verzögerungen und Frequenzveränderungen der akustischen Rückmeldungen reduzieren bei einigen stotternden Personen generell bzw. nur in einigen Situationen das Stottern. Auslösebedingungen für Veränderungen in der Wirkung akustischer Rückmeldung und individuelle Wirkungsunterschiede sind noch unzulänglich untersucht.

Erhöhte Interferenzanfälligkeit der Sprachproduktion

- Stotterer zeigen ausgeprägte Interferenzen zwischen allen an der Planung und Erzeugung von Sprache beteiligten Teilsystemen.
- Motorische Dekoordination ist eine der möglichen Folgen erhöhter Interferenz; andere Folgen sind temporäre Schwierigkeiten bei der Planung von Äußerungen.
- Motorische Dekoordinationen manifestieren sich als Stottersymptome. Schwierigkeiten bei der Planung von Äußerungen führen zu Häsitationen, Wiederholungen und Korrekturen von Wörtern, Sätzen und Phrasen (s. Kap. 3.2.1).
- Interferenzen zwischen verschiedenen, am Sprechen beteiligten kognitiven und motorischen Teilsystemen entstehen durch gleichzeitige kognitive oder emotionale Belastungen.

3 Diagnostik

3.1 Klassifikatorische Einordnung und Erfassung therapierelevanter Dimensionen des Stotterns

Die Klassifikation einer Sprechstörung kann zwar die Therapiebedürftigkeit begründen, erlaubt alleine aber noch nicht, eine Auswahl unter alternativen Behandlungsmöglichkeiten zu treffen und eine individualisierte Therapie zu planen. Nach den Kriterien in der Tabelle 4 (S. 8) ist eine Störung um so schwerer je klarer das Störungsbewusstsein, je größer die motorische Anstrengung, je stärker die durch Stottern hervorgerufenen Gefühle der Frustration und des Ärgers sind und je häufiger Flucht- und Vermeidungsverhalten vorkommen. Diese Merkmale bilden die Grundlage einer individualisierten Therapieplanung und müssen objektiv diagnostiziert werden. Der folgende Kasten fasst die zu diagnostizierenden, therapierelevanten Aspekte des Stotterns zusammen und verweist auf die folgenden Teile

Erfassung therapie-relevanter Aspekte des Stotterns

des Kapitels, in denen dargestellt wird, wie diese Merkmale des Stotterns erfasst werden.

Diagnose therapierelevanter Aspekte des Stotterns
– Kodierung und Erfassung von Sprechunflüssigkeiten und motorischer Anstrengung beim Sprechen – Kap. 3.2. – Störungsbewusstsein, Gefühle und Einstellungen zum Stottern – Kap. 3.3. – Flucht- und Vermeidungsverhalten – Kap. 3.3 und 3.4. – Erfassung der Lebensumstände des Kommunizierens – Kap. 3.4.

Die im DSM-IV angegebenen Arten von Sprechunflüssigkeit (Punkt A im Kasten S. 4) müssen quantifiziert werden, damit Erwachsene als Stotternde diagnostiziert werden können. In Tabelle 5 (S. 24) sind die wesentlichen Unterscheidungsmerkmale zwischen den Sprechunflüssigkeiten von „normalen" Sprechern im Unterschied zu Grenzfällen und stotternden Sprechern aufgelistet (s. a. Guitar, 2006). Von Grenzfällen sprechen wir dann, wenn ein Sprecher nicht eindeutig als stotternder Sprecher diagnostiziert werden kann, obwohl Sprechunflüssigkeiten mit größerer Häufigkeit als üblich beobachtet werden. Für die Diagnose „Stottern" sollten zusätzlich die Wiederholungen schnell und unrhythmisch sein, Erwachsene sollten sich außerdem ihrer Störung bewusst sein, zumindest gelegentlich Gefühle der Frustration und des Ärgers haben und Flucht- oder Vermeidensverhaltensweisen zeigen (vgl. Tabelle 5). Nach dem ICD-10 muss die für Stottern charakteristische Sprechweise mindestens für die Dauer von drei Monaten zu beobachten sein. Dieses Kriterium trägt der Tatsache Rechnung, dass Ausmaß und Art der Sprechunflüssigkeiten insbesondere zu Beginn der Sprachentwicklung über Wochen und Monate starken zeitlichen Schwankungen unterliegen kann (Yairi & Ambrose, 2004).

Unterschiede zwischen „normalen" Unflüssigkeiten und Stottern

Es gibt ein standardisiertes Messinstrument zur Erfassung der Schwere des Stotterns (Riley, 1994), das Sandrieser und Schneider auf Deutsch übersetzt haben (2001). Es existieren jedoch keine Normen für deutschsprachige Sprecher. Die Brauchbarkeit des Instruments ist weiter dadurch eingeschränkt, dass lediglich die Sprechunflüssigkeiten in einer Lesesituation erhoben und Einstellungen und Vermeidungsverhaltensweisen überhaupt nicht erfasst werden. Um der Variabilität des Vorkommens von Stotterereignissen Rechnung zu tragen, müssen diese Ereignisse in unterschiedlichen Sprechsituationen erhoben und ein Balbutiogramm[4] erstellt werden. Einstellungen zum Stottern und Vermeidungsverhaltensweisen sollten mit Fragebögen erfasst (s. Kap. 3.3) und in einem Anamnesegespräch vom Patienten beschrieben werden (s. Kap. 3.4).

---

4 Dieses Wort ist vom lateinischen „balbutire", stottern, abgeleitet und bezeichnet eine Aufzeichnung von Stotterverhaltenweisen unter verschiedenen Sprechbedingungen.

Tabelle 5:
Sprechunflüssigkeiten von nicht stotternden Sprechern im Unterschied zu Grenzfällen und stotternden Personen

„Normale" Sprechunflüssigkeiten nicht stotternder Personen	Sprechunflüssigkeiten bei Grenzfällen	Untypische Sprechunflüssigkeiten von stotternden Personen
Weniger als 10% der Worte sind unflüssig.	Mehr als 10% der Worte sind unflüssig.	Mehr als 10% der Worte sind unflüssig.
Laute oder Silben werden einmal, selten zweimal wiederholt.	Mehr als zweimalige Wiederholung desselben Lautes oder derselben Silbe kommen häufig vor.	Mehr als zweimalige Wiederholung desselben Lautes oder derselben Silbe kommen häufig vor. Wiederholungen sind schnell und unregelmäßig.
Typische Sprechunflüssigkeiten kommen häufiger als untypische vor[a].	Typische Sprechunflüssigkeiten kommen seltener vor als untypische[a].	Typische Sprechunflüssigkeiten kommen seltener vor als untypische[a].
Sprechunflüssigkeiten werden ohne Verspannungen produziert.	Sprechunflüssigkeiten werden ohne Verspannungen produziert.	Sprechunflüssigkeiten werden mit Verspannungen produziert.
Lautdehnungen dauern kürzer als eine Sekunde.	Lautdehnungen, die länger als eine Sekunde dauern, kommen bei weniger als 1% der Worte vor.	Lautdehnungen, die länger als eine Sekunde dauern, kommen bei mehr als 1% der Worte vor.
Sprechunflüssigkeiten werden kaum beachtet und sind kein Anlass für emotionale Reaktionen.	Sprechunflüssigkeiten werden kaum beachtet und sind kein Anlass für emotionale Reaktionen.	Sprechunflüssigkeiten werden beachtet und können gelegentlich Frustrationen oder Ärger auslösen.
Flucht- und Vermeidensverhaltensweisen kommen nicht vor.	Flucht- und Vermeidensverhaltensweisen kommen nicht vor.	Flucht- und Vermeidensverhaltensweisen kommen vor.

Häufigkeit und Art der Sprechunflüssigkeiten haben sich in den letzten drei Monaten nicht nennenswert verändert.

Anmerkung: a. Die Unterscheidung zwischen „typischen", d. h. nicht pathologischen Sprechunflüssigkeiten einerseits und untypischen, d. h. bei stotternden Personen gehäuft vorkommenden Formen von Sprechunflüssigkeit andererseits werden im folgenden Abschnitt 3.2.1 und in Tabelle 6 (S. 26) genauer dargestellt.

3.2 Kodierung und Erfassung von Sprechunflüssigkeiten

In diesem Abschnitt sollen zunächst Kodierhinweise zur Unterscheidung zwischen normalen Sprechunflüssigkeiten und Stottern gegeben werden (Kap. 3.2.1). Danach soll die zeitsparende Erfassung von Sprechunflüssigkeiten in Realzeit während der Therapie vorgestellt (Kap. 3.2.2), Hinweise zur Erhöhung der Messgenauigkeit gegeben (Kap. 3.2.3) und schließlich die Erhebung eines Balbutiogramms, d. h. eine Übersicht über die Sprechflüssigkeit in verschiedenen Sprechsituationen (Kap. 3.2.4) dargestellt werden.

3.2.1 Kodierhinweise für Stottern und „normale" Sprechunflüssigkeiten

Stottereignisse sind eine besondere Art von Sprechunflüssigkeiten, die bei nicht stotternden Sprechern selten oder überhaupt nicht vorkommen. Deshalb wurden Stottereignisse von Yaruss (1998; s. a. Kap. 1.6.1) als „untypische Sprechunflüssigkeiten" bezeichnet. Tabelle 6 (S. 26) gibt einen Überblick über die für nicht stotternde Sprecher typischen und untypischen Arten von Sprechunflüssigkeiten. Als untypische Sprechunflüssigkeiten (d. h. Stottereignisse) werden Wiederholungen von einsilbigen Worten, Silben oder Lauten kategorisiert. Außerdem werden alle hör- und sichtbaren Anzeichen von vermehrtem Krafteinsatz bei der Aussprache (Verkrampfungen, Erhöhung der Lautstärke und Lautdehnungen von mindestens 1 Sekunde) als untypische Sprechunflüssigkeiten gewertet. Lautdehnungen sind präzise nur durch genaue Messung der Lautdauer zu bestimmen. Wenn Sprechunflüssigkeiten in Realzeit erhoben werden (s. Kap. 3.2.2), muss der subjektive Eindruck einer „deutlich hörbaren" Lautdehnung genügen.

Untypische Unflüssigkeiten

Wenn Sprecher im Rahmen früherer Therapien gelernt haben, Silbendehnungen und verlangsamte, weiche Lautübergänge zur Verhinderung von Stottern willentlich auszuführen, muss man sich entscheiden, ob dieses Verhalten als „Stottern" gewertet werden soll oder nicht. Sofern der Patient diese Dehnungen dem ursprünglichen Stottern vorzieht, sollten sie nicht als „Stottern", sondern als gelungenes Bewältigungsverhalten gewertet und erforderlichenfalls gesondert erfasst werden.

Willentliches Verhindern von Stottern

Es sollte lediglich gezählt werden, ob eine oder mehrere typische bzw. untypische Sprechunflüssigkeit bei einem Wort (bzw. einer Silbe) vorkamen oder nicht. Doppel- oder Mehrfachkategorisierungen desselben Wortes sollten möglichst vermieden werden. Beispielsweise gehen die meisten Sprechunflüssigkeiten mit stillen oder gefüllten Pausen einher, die in diesem Fall nicht gesondert gewertet werden sollten. Wenn stille und gefüllte Pausen (z. B. „- ehm") alleine und nicht im Kontext von Wiederholungen, Revisionen oder anderen Sprechunflüssigkeiten vorkommen, zählen sie zu den typischen Sprechunflüssigkeiten. Stille Pausen werden nur dann als Pausen gezählt, wenn sie mindestens 250 ms andauern. Ohne genaue Messung können stille Pausen, die kürzer als eine halbe Sekunde dauern, nur ungenau geschätzt werden. Der subjektive Eindruck einer „deutlich hörbaren Pause" muss dann genügen. Eine präzisere Bestimmung des Pausenanteils ist nur durch Messung erreichbar.

Stille und gefüllte Pausen

Tabelle 6:
Überblick über Sprechunflüssigkeiten, die für Normalsprecher eher typisch oder untypisch sind

Typische Sprechunflüssigkeiten	– Häsitationen Gefüllte Pausen („ehm"), stille Pausen (Dauer von mindestens 250 ms oder „deutlich hörbar"), Atempausen – Revisionen von Wörtern und Wortverbindungen Das ist ein schönes – kein schönes Programm. (Zwei Worte sind unflüssig gesprochen; die stille Pause wird nicht extra gezählt.) – Wiederholung von Wörtern oder Phrasen Lässt sich das – lässt sich das nicht besser machen? (Für jedes wiederholte Wort wird eine Sprechunflüssigkeit gezählt; die Pause wird nicht zusätzlich gezählt.) – Abgebrochene Wörter Hierüber kann man endlos strei- eh diskutieren. (Es wird nur eine Unflüssigkeit gezählt; die gefüllte Pause wird nicht zusätzlich gezählt.)
Untypische Sprechunflüssigkeiten	– Wiederholungen von Lauten, Silben oder einsilbigen Worten I-I-I-Ich – ich will jetzt auch mal was sagen. (Ein Wort unflüssig gesprochen – obwohl mehrere Lautwiederholungen, eine Silbenwiederholung und eine stille Pause vorkommen.) – Lautdehnungen LLLLLass mich in Ruh' (Dehnung mindestens 1 sec oder „deutlich hörbar"). – Stille Blocks Ich ---*k*ann das nicht. (das /k/ wurde mit Anspannung gesprochen, die in der vorherigen Pause aufgebaut wurde. Es wird ein unflüssig gesprochenes Wort gezählt.)

Bestimmung der insgesamt beabsichtigten Worte

Sprechunflüssigkeitsmaße werden meist als Prozentsatz der gesprochenen Worte oder Silben ausgedrückt. Dabei werden nur die Worte oder Silben gezählt, die die Person zu sagen beabsichtigt hat, d. h. die sie gesagt hätte, wenn sie ohne Stottern oder ohne Sprechunflüssigkeiten gesprochen hätte: „I-I-I- Ich, Ich heiße mh – Dieter" enthält drei beabsichtigt gesprochene Worte, eine gefüllte Pause und zwei verschiedene Arten von untypischen Sprechunflüssigkeiten. Das „Ich" wird gedehnt gesprochen und einmal wiederholt (zusammen als eine untypische Sprechunflüssigkeit gezählt). Außerdem kommt noch eine gefüllte Pause, vor dem Wort „Dieter" als typische Unflüssigkeit vor. Zur Zählung werden lediglich die unflüssig gesprochenen Worte gezählt und nicht die Anzahl der verschiedenen Arten von Sprechunflüssigkeit. Weitere Beispiele zur Kodierung von mehreren Sprechunflüssigkeiten bei einem Wort oder Wortverbindungen finden sich bei Yaruss (1998).

3.2.2 Erfassung von Sprechunflüssigkeiten in Realzeit

Bei der Erfassung von Sprechunflüssigkeiten in Realzeit werden die Sprechunflüssigkeiten während des Sprechens gezählt und es muss keine zusätzliche Zeit für Transkription, Zählung und Messung veranschlagt werden. Dieses Vorgehen hat den Vorteil, dass es im Vergleich zu einer auf Transkription basierten Zählung sehr viel Zeit erspart. Der Nachteil einer geringeren Genauigkeit wird häufig in seiner Bedeutung überschätzt, weil in der Therapie weniger die absoluten Werte als vielmehr die Veränderungen relevant sind. Es ist also besonders wichtig, dass im Verlauf der Therapie identische Kriterien angewendet werden.

In der Therapie sind weniger die absoluten Werte als die Veränderungen relevant

Conture (2001) und Yaruss (1998) haben solche zeitsparenden „Realzeit"-Verfahren vorgeschlagen. Als Hilfsmittel kann man hierzu eine Tabelle verwenden, in der jedes Kästchen für ein gesprochenes Wort steht (s. Anhang „Zählbogen zur Ermittlung der Sprechflüssigkeit in der Therapiesituation", S. 93). Jede Tabelle enthält 100 Kästchen, damit sich der Prozentsatz der Sprechunflüssigkeiten ohne Umrechnung direkt aus der Anzahl der Sprechunflüssigkeiten ergibt. Bei jedem vom Patienten gesprochenen Wort (bzw. wenn die Stotterrate in Prozent gesprochener Silben ausgedrückt werden soll, bei jeder Silbe) rückt der Untersucher mit dem Stift ein Kästchen vor. Markiert werden lediglich das Vorkommen von typischen und untypischen Sprechunflüssigkeiten wie sie in Kapitel 3.1.1 definiert sind. Auf diese Weise lässt sich die Anzahl der gesprochenen Worte oder Silben zur Anzahl der Sprechunflüssigkeiten und Stotterereignisse in Beziehung setzen. Zugleich sollte auch die Sprechzeit mit einer Stoppuhr erhoben werden.

Zählbogen im Anhang S. 93

Worte oder Silben als Zähleinheit?

Zur Bestimmung des Ausmaßes der Sprechunflüssigkeit können – je nach persönlicher Vorliebe – Worte oder Silben als Einheiten herangezogen werden. Es gibt Therapeuten, die sich bei der einen, und andere, die sich bei der anderen Zähleinheit sicherer fühlen. Da in gesprochener Sprache die Worte durchschnittlich 1,52 Silben enthalten (hierbei wurden von Best, 2001, gefüllte Pausen und Versprecher mitgezählt) lässt sich jede Zählung von Worten leicht in Silben umrechnen und umgekehrt. Wortanzahl mal 3 geteilt durch 2 ergibt die ungefähre Anzahl von Silben. Umgekehrt entspricht die Silbenzahl multipliziert mit 2 und dividiert durch 3 ungefähr der Wortanzahl. Die Umrechnung ist ungenauer als die direkte Zählung von Worten bzw. Silben, weil die mittlere Silbenzahl pro Wort bei verschiedenen Sprechern und Gesprächsarten Schwankungen unterliegt. Aber der hierdurch erzeugte Fehler dürfte für therapeutische Zwecke zu vernachlässigen sein.

Es wird hier empfohlen, eine präzise Diagnose der Sprechunflüssigkeiten anhand von Tonband- oder Video-Aufzeichnungen zu Therapiebeginn und -abschluss durchzuführen. Besonders komfortabel können digitale Ton- oder Video-Aufnahmen am PC ausgewertet werden, weil beliebige zeitliche Ausschnitte der Aufnahme sowohl sicht- als auch hörbar gemacht und Zeiten gemessen werden können. Nähere Hinweise dazu können Bosshardt (in Vorb.) entnommen werden.

3.2.3 Schwankungen der gemessenen Stotterrate

Ursachen für Schwankungen der gemessenen Stotterrate
– Reliabilität der Messungen – Art des Sprachmaterials – Anforderungen der Sprechsituationen

Reliabilität der Messungen. Sprechunflüssigkeiten werden in der Regel nur mit mäßiger Reliabilität und Objektivität erfasst (Cordes & Ingham, 1994). Diese Ungenauigkeiten zeigen sich, wenn dieselbe Sprechprobe wiederholt von demselben oder von mehr als einem Urteiler ausgewertet wird. Damit sich diese Variationen nicht auf die Beurteilung von Therapieeffekten auswirken, sollte der Therapeut[5] sicherstellen, dass er dieselbe Sprechprobe zu verschiedenen Zeitpunkten nach identischen Kriterien beurteilt. Sofern man in der Bestimmung von Sprechunflüssigkeiten nicht geübt ist, sollte man sich vor Therapiebeginn darin üben, Sprechunflüssigkeiten an derselben Sprechprobe etwa im Abstand von einem Monat auf konsistente Weise zu erfassen.

Art des Sprachmaterials. Eine weiterer Grund für Schwankungen in den erfassten Prozentsätzen von Sprechunflüssigkeiten ist die Art des Sprachmaterials. Die Art der gesprochenen Wörter, die verwendeten Satzlängen und Satzkonstruktionen beeinflussen den Prozentsatz gestotterter Worte. Dieser Prozentsatz wird in einer gegeben Sprechsituation umso genauer erfasst, je umfangreicher die Sprachstichprobe ist.

Zur Veranschaulichung nehmen wir an, ein Therapeut habe in einer Sprechprobe von 100 Worten 15 Worte gefunden, die mit untypischen Sprechunflüssigkeiten gesprochen wurden (15 %). Bedingt durch zufällige Schwankungen in der Art des Sprachmaterials kann dieser Prozentsatz tatsächlich (mit einer Wahrscheinlichkeit von 0,95) zwischen 7,6 % und 21,3 % liegen. Hätte der Therapeut im Unterschied dazu 15 % untypische Sprechunflüssigkeiten in einer Sprechprobe von 400 Worten gefunden, so würde der tat-

Zufällige Schwankungen bei 100 Worten

---

5 Der Einfachheit halber wird hier die geschlechtsneutrale Form der Berufsbezeichnung gebraucht.

sächliche Wert (mit einer Wahrscheinlichkeit von 0,95) zwischen 11,3 % und 18,4% liegen. Man sieht an diesem Beispiel, dass der Schwankungsbereich des erhobenen Prozentsatzes bei der kleinen Sprechprobe etwa doppelt so groß ist als bei der umfangreichen Probe von 400 Worten. Um diese Zufallsschwankungen möglichst gering zu halten, sollte der Umfang von Sprechproben mindestens 300, besser aber 400 Worte oder Silben betragen. Sofern aus praktischen Gründen weniger umfangreiche Stichproben vorhanden sind (z. B. bei Tonaufnahmen von Gesprächen aus dem Alltag der Patienten), sollten zur Absicherung weitere Informationsquellen, wie beispielsweise Ratings der Patienten herangezogen werden (weitere Informationen zu Ratings s. Anhang „Einschätzung der Schwere des Stotterns und der Unnatürlichkeit des Sprechens", S. 94).

Zufällige Schwankungen bei 400 Worten

Anforderungen der Sprechsituationen. Die Häufigkeit von Stotterereignissen kann in verschiedenen Sprechsituationen (z. B. in der Familie, mit Vorgesetzten, am Telefon) beträchtlich variieren. Hauptquellen für situative Variationen sind Anforderungen an die motorische Koordination und Belastungen der Sprechplanung (s. Kap. 2.3 und 2.4). Aus diesem Grund sollten Sprechproben in unterschiedlichen Sprechsituationen erhoben werden. Im folgenden Unterkapitel wird ein konkreter Vorschlag zur Erhebung von Sprechproben in unterschiedlichen Sprechsituationen (Balbutiogramm) dargestellt.

3.2.4 Erhebung eines vollständigen Balbutiogramms

Ein Balbutiogramm sollte Sprechproben aus Situationen enthalten, die einen möglichst großen Bereich alltäglicher Belastungen abdecken. Die Zusammenstellung der Aufgaben für das Balbutiogramm in Tabelle 7 (S. 30) orientiert sich an Fiedler und Standop (1994) und alle zugehörigen Materialien sind im Anhang (vgl. S. 96 bis S. 101) zusammengefasst. Die Aufgaben bilden eine Hierarchie ansteigender Schwierigkeit.

Materialien für Balbutiogramm im Anhang S. 96 ff.

Automatisches Sprechen. Beim automatischem Sprechen (vgl. Tabelle 7, S. 30) ist der Planungsaufwand am geringsten, weil hier stark überlernte Sequenzen gesprochen werden. Dementsprechend indizieren Sprechunflüssigkeiten bei dieser Aufgabe ausgeprägte Probleme mit der motorischen Koordination von Sprechbewegungen.

Sätze nachsprechen. Beim Nachsprechen sind Inhalte und Laute der Sätze vorgegeben, müssen im Gedächtnis behalten und wiedergegeben werden. Da es sich um Sätze handelt, liegt eine hierarchische und nicht nur eine sequenzielle Struktur wie bei den automatischen Aufgaben vor. Wenn die Stotterrate in dieser Teilaufgabe höher als bei den automatischen Sprechaufgaben ist, so zeigt dies, dass das Stottern durch diese zusätzlichen kognitiven Anforderungen an Gedächtnis und Strukturierung beeinflusst ist.

Lesen. Da in Alltagstexten Satzmuster und Inhalte in der Regel variabler sind als bei den vorherigen Sprechaufgaben, ist beim lauten Lesen der Planungsaufwand ebenfalls etwas höher als bei automatischen Sprechaufgaben und beim Sätze Nachsprechen. Es gibt wenige Sprecher, bei denen die Stotterrate beim Lesen höher als beim freien Sprechen ist. Dies kann als Hinweis darauf gewertet werden, dass der Sprecher beim freien Sprechen Worte oder Laute vermeidet und deshalb beim freien Sprechen weniger stottert als beim Lesen. Wenn jedoch umgekehrt die Stotterrate beim freien monologischen Sprechen höher als beim lautem Lesen ist, deutet dies darauf hin, dass das Stottern durch die kognitiven und motorischen Planungsprozesse beim freien Sprechen beeinflusst wird.

Tabelle 7:
Zusammenstellung der Sprechaufgaben für ein Balbutiogramm mit Erwachsenen

Automatisches Sprechen	Bitte nennen Sie nacheinander in Ihrer üblichen Sprechgeschwindigkeit und Sprechweise die Tage der Woche. Entsprechende Instruktionen für das Sprechen der Monate des Jahres und der Zahlen von 21 bis 40.
Sätze nachsprechen	Ich lese Ihnen jetzt einzelne Sätze vor. Nach jedem Satz wiederholen Sie ihn bitte in Ihrer üblichen Sprechgeschwindigkeit und Sprechweise. Nachsprechen von zehn Sätzen, die zehn Worte enthalten.
Lesen	Bitte lesen Sie diesen Text in Ihrer normalen Sprechgeschwindigkeit und Sprechweise laut vor.
Freies monologisches Sprechen	Bitte geben Sie jetzt den Text, den Sie eben gelesen haben, mit Ihren eigenen Worten sinngemäß wieder. Sprechen Sie dabei ganz normal in Ihrer üblichen Sprechgeschwindigkeit und Sprechweise. Entsprechende Instruktion zum Beschreiben eines Zimmers, Arbeitstages, u. Ä.

Freies monologisches Sprechen. Dies ist die kognitiv anspruchsvollste Sprechsituation des Balbutiogramms. Die freie Wiedergabe eines vorher gelesenen Texts in eigenen Worten ist meist etwas weniger anspruchsvoll als völlig freies monologisches Sprechen.

Dialogisches und strittiges Sprechen sind in dem Balbutiogramm nicht enthalten, da sich solche Situationen kaum auf reproduzierbare Weise mit vergleichbaren kognitiven Anforderungen herstellen lassen. Solche Sprechsituationen sind für diagnostische Zwecke wenig geeignet, sollten aber unbedingt in die Therapie einbezogen werden. Nähere Hinweise finden sich in den Kapiteln 4.1.5, 4.1.6 und 4.1.9.

3.3 Einstellungen zum Sprechen, Vermeidung, und Kontrollüberzeugungen

Die in Stottertherapien verwendeten Fragebögen dienen der Diagnose und der Therapieerfolgskontrolle. Hier werden drei therapierelevante Tests dargestellt, die zumindest rudimentär teststatistisch überprüft sind (s. Tabelle 8).

Tabelle 8:
Fragebögen und Zielsetzungen ihres Einsatzes

Fragebogen	Zielsetzungen
S24 Einstellungen zur Kommunikation	Objektivierung von therapeutischen Effekten. Möglicherweise behandlungsbedürftige Einstellungen bei Werten über 13.
PSI-V Vermeidung bei Stottern	Objektivierung von therapeutischen Effekten. Möglicherweise behandlungsbedürftiges Vermeidungsverhalten bei Werten über 5.
Kontrollüberzeugungen	Objektivierung von therapeutischen Effekten. Erhöhung des Ausmaßes internaler Kontrollüberzeugungen bei Werten über 27. Vermittlung von Strategien zur Aufrechterhaltung von Kontrollüberzeugungen nach Rückschlägen.

S24 – Einstellungen zur Kommunikation. In Stottertherapien wird vielfach die Skala „Einstellungen zur Kommunikation" bei Kindern ab ca. 9 Jahren und Erwachsenen eingesetzt. Dieser Fragebogen erfasst das Ausmaß negativer Einstellungen zu den eigenen Fähigkeiten zur sprachlichen Kommunikation. Je höher der Wert, desto negativer sind die Einstellungen. Erfolgreiche Stottertherapien sollten nicht nur die Sprechflüssigkeit erhöhen, sondern auch das Zutrauen in die eigenen kommunikativen Fertigkeiten stärken. Dementsprechend sollte der Test sowohl zu Beginn als auch bei Abschluss der Therapie vorgegeben werden. Die deutsche Fassung des Fragebogens ist bei Renner (2000, S. 17) abgedruckt. Nach Renner (1995) können Rohwerte zwischen 8 und 9 als Mittelwert nicht stotternder Personen gelten (Standardabweichung = 4,5). Werte über 13 sind mehr als eine Standardabweichung größer als der Mittelwert und zeigen damit möglicherweise behandlungsbedürftige Einstellungen an (vgl. Tabelle 8).

Negative Einstellungen zu eigenen kommunikativen Fähigkeiten

PSI-V – Vermeidung bei Stottern. Zur Erfassung der subjektiven Wahrnehmung des Stotterverhaltens hat Woolf (1967) das ursprünglich drei Skalen umfassende „Perceptions of Stuttering Inventory" (PSI) entwickelt. Von diesem Instrument ist lediglich die Vermeidensskala in deutscher Übersetzung publiziert (Renner, 2000). Diese Skala erfasst konkret auf Sprechsituationen bezogenes Vermeidensverhalten. Je höher die Werte, desto ausgeprägter ist das Vermeidungsverhalten. Renner (1995) berichtet, dass nach einer unveröffentlichten Erhebung von Kellner bei Erwachsenen (N=50) die Messwerte von 11,1 vor Therapiebeginn auf 4,0 nach Therapieabschluss abfallen. Die Daten von Jehle (1994) stammen von 25 erwachsenen Stotterern und zeigen einen Mittelwert von 11,5 (Standardabweichung = 3,8[6]) vor Therapiebeginn und einen von 5,1 (Standardabweichung = 4,4) unmittelbar nach Therapieabschluss. Hieraus ergibt sich, dass das Vermeidungsverhalten ein möglicherweise behandlungsbedürftiges Ausmaß erreicht, wenn es den Wert 5 übersteigt (vgl. Tabelle 8, S. 31). Umgekehrt sollte bei Therapieabschluss ein Wert unter 5 erreicht werden.

Ausmaß situativer Vermeidung

Kontrollüberzeugungen. Eines der Ziele von Stottertherapien ist die Vermittlung von Verhaltensweisen, die eine Selbstkontrolle des Stotterns durch die Betroffenen ermöglichen (s. a. Kap. 4.1.1 und 4.1.9). Craig, Franklin und Andrews (1984) haben eine Skala zu Erfassung des Ausmaßes entwickelt, in dem Personen sich selbst für ihr eigenes Problemverhalten verantwortlich machen. Die deutsche Fassung des Fragebogens ist ebenfalls bei Renner (2000, S. 17) abgedruckt. Jehle und Renner (1998) fanden bei 79 erwachsenen Stotterern vor Therapiebeginn stärker ausgeprägte externale Kontrollüberzeugungen (Mittel: 35,2; Standardabweichung: 9,0) als bei 99 nicht stotternden Vergleichspersonen (Mittel: 27,3; Standardabweichung: 8,6). Wegen der großen Überlappung beider Verteilungen kann für diese Skala keine eindeutige Empfehlung für die Behandlungsbedürftigkeit angeben werden. Vielmehr sollte in der Therapie eine individuelle Veränderung in Richtung auf stärkere internale Kontrolle angestrebt werden, wenn die Patienten Werte über 27 haben (s. a. Tabelle 8, S. 31).

Internale und externale Kontrollüberzeugungen

3.4 Anamnese: Entstehung des Stotterns und Lebensumstände

Der psychosoziale Hintergrund von stotternden Personen kann an der Entstehung, Aufrechterhaltung und Veränderung des Stotterns beteiligt sein. Dabei ist es besonders wichtig, dass nicht nur die Defizite, sondern auch potenzielle Stärken (z. B. soziales Einfühlungsvermögen, intellektuelle Fähigkeiten oder erfolgreiche Bewältigungsverhaltensweisen) erfasst und dem Patienten rückgemeldet werden.

Die Anamnese sollte den Beginn und die Veränderungen der Symptomatik sowie der persönlichen und familiären Situation erfassen. Tabelle 9 (S. 33 f.) gibt einen Leitfaden für die Anamnese. Es sollten frühere und gegenwärtige Belastungen abgeklärt werden und es sollte erfasst werden, ob und in wel-

---

[6] Mittelwerte und Standardabweichungen wurden nach den von Jehle in Tabelle 12 (1994, S. 172) publizierten Werten vom Autor berechnet.

Tabelle 9:
Gesprächsleitfaden für die Anamnese

Sprachentwicklung, berufliche, schulische und soziale Situation	1. Wann haben Sie angefangen zu stottern und auf welche Weise hat sich Ihr Stottern seither verändert? Was waren die genauen Umstände, in denen die Probleme erstmals auftraten? Wie haben Sie (bzw. andere Personen) darauf reagiert? Wurde in der Familie über das Problem mit Ihnen gesprochen? Wurde Ihnen von anderen Verzögerungen oder Schwierigkeiten bei der Sprachentwicklung berichtet? Wurden Sprech- oder Sprachstörungen (andere Störungen als das Stottern) logopädisch oder sonderpädagogisch behandelt? Gab oder gibt es Hinweise auf Beeinträchtigungen des Hörens oder Sprachverstehens? 2. Beschreiben Sie Ihre alltäglichen Beschäftigungen in Beruf oder Schule und wie sich Ihr Stottern dort auswirkt! 3. Beschreiben Sie Ihre Freizeit, Ihren Umgang mit Freunden und Bekannten und auf welche Weise sich Stottern hierauf auswirkt! Gelingt es Ihnen, mit anderen Menschen in Kontakt zu kommen und Freundschaften zu pflegen? Haben Sie einen Lebens-, Ehe- oder Liebespartner?
Symptombeschreibung	4. Worin bestehen Ihre Sprechprobleme – bitte beschreiben Sie Ihre Schwierigkeiten mit eigenen Worten! 5. Hat sich Ihr Stottern seit dem ersten Auftreten verändert? Wenn es sich geändert hat, beschreiben Sie die Art der Veränderung (Art, Häufigkeit, Dauer, Krafteinsatz, Begleitsymptome, Begleitumstände, emotionale Bewertung, etc.)! 6. Beschreiben Sie, in welchen Situationen Sie besonders viele Schwierigkeiten beim Sprechen feststellen! Beschreiben Sie Situationen, in denen Sie besonders selten oder überhaupt keine Sprechprobleme feststellen! Worin unterscheiden sich die einfachen von den schwierigen Situationen? Hinweis: Bei allen diesen Fragen sollten jeweils charakteristische Kognitionen, Emotionen und sozialen Beziehungsaspekte exploriert werden. 7. Haben Sie beobachtet, dass Sie mit zu viel Kraft (Verkrampfungen, Zittern) sprechen? Treten Gesichtsgrimassen oder Mitbewegungen in anderen Gliedern auf?
Vermeidung	8. Verwenden Sie „Füllwörter" oder Floskeln zur Überbrückung von Sprechproblemen? Gibt es Situationen, in denen Sie eigentlich etwas sagen wollen, aber aus Angst vor dem Stottern darauf verzichten? Tauschen Sie manchmal Worte aus, um nicht stottern zu müssen? 9. Vermeiden Sie Situationen, um nicht stottern zu müssen? Bereiten Sie sich auf schwierige Sprechsituationen vor? – Gegebenenfalls Zeitbedarf und Häufigkeit der Vorbereitungen explorieren! Kommt es vor, dass Sie Andere für sich sprechen lassen?

Tabelle 9 (Fortsetzung):
Gesprächsleitfaden für die Anamnese

Folgen des Stotterns und eigene Bewältigungsversuche	10. Was haben Sie getan, um besser sprechen zu können, und welche dieser Maßnahmen waren erfolgreich? Gibt es jemanden in Ihrer Umgebung, der Sie wegen des Stotterns kritisiert, hänselt oder abwertet? – Gegebenenfalls explorieren, welche Gegenmaßnahmen, Kognitionen und Emotionen dadurch beim Betroffenen in Gang kommen! 11. Bitte beschreiben Sie frühere Stotterbehandlungen und geben Sie eine Einschätzung, welche Maßnahmen hilfreich und welche nicht hilfreich gewesen sind! 12. Wie fühlen Sie sich, wenn Sie merken, dass Sie stottern? Schämen Sie sich oder sind Sie ärgerlich auf sich? 13. Gibt es einen besonderen Grund, warum Sie gerade zum jetzigen Zeitpunkt eine Behandlung des Stotterns wünschen?

cher Weise die berufliche und private Situation durch das Stottern geprägt und gegebenenfalls beeinträchtigt sind. Das Stottern kann beispielsweise eine wichtige Rolle gespielt haben bei der Wahl von Hobbies, Beruf und Partnern sowie Freunden. Freunde und Partner ermöglichen es dem Patienten vielfach Kommunikationssituationen zu vermeiden, indem sie kommunikative Aufgaben übernehmen, deren Erledigung dem Patienten selbst schwer fallen und ihn belasten würde. Aus diesen Gründen sollten auch die beruflichen und sozialen Lebensumstände im Hinblick auf mögliche Schwierigkeiten in der Kommunikation und Vermeidensverhalten exploriert werden (vgl. auch die Karte „Gesprächsleitfaden für die Anamnese" im Anhang des Buches).

3.5 Umgang mit widersprüchlichen Informationen

In der Regel können Menschen – sowohl Betroffene als auch Partner oder Beobachter – recht sensibel und objektiv feststellen, ob auffällige Sprechunflüssigkeiten vorliegen. Sofern Patienten beklagen, dass sie in ihrem Alltag Sprechunflüssigkeiten zeigen, die im Balbutiogramm und in Gesprächen mit dem Therapeuten nicht zu beobachten sind, kann dies im Wesentlichen drei Gründe haben, die nun der Reihe nach besprochen werden sollen.

Mögliche Gründe für Diskrepanzen zwischen den Beobachtungen in der Therapie und den Berichten des Patienten aus dem Alltag

- Unklarheit über die Unterscheidung zwischen typischen und untypischen Sprechunflüssigkeiten.
- Unterschiedliche Anforderungen der Gesprächssituationen im Alltag und in der Therapie.
- Ausgeprägtes Selbstkontrollverhalten.

Unklarheit über die Unterscheidung zwischen typischen und untypischen Sprechunflüssigkeiten. Diskrepanzen in der Einschätzung der Häufigkeit und Schwere des Stotterns in Untersuchungs- und Alltagssituationen können vorkommen, wenn die Patienten Stotterverhalten nicht korrekt identifizieren können. In diesem Fall sollten die Betroffenen geschult werden, damit sie zwischen „normalen", grenzwertigen und untypischen Sprechunflüssigkeiten unterscheiden können (vgl. Tabellen 5 und 6, S. 24 und 26). Meist ist eine Begegnung mit „echten" Stotterern sehr hilfreich und vermittelt dem Betroffenen unmittelbar die Einsicht, dass sein Problem doch hiervon verschieden ist. Für die unmittelbare Einleitung einer Stotterbehandlung besteht in diesem Fall kein Anlass. Allerdings sollte zur Kontrolle eine Wiedervorstellung in ca. 6 bis 12 Monaten vereinbart werden.

Unterschiedliche Anforderungen der Gesprächssituationen im Alltag und in der Therapie. Wenn die Patienten ihr Stottern im Alltag durch Tonaufnahmen belegen können oder wenn sich der Therapeut durch eigene Beobachtung im Alltag von der Korrektheit der Schilderungen des Patienten überzeugt hat, dann entsteht die Diskrepanz offensichtlich durch die situative Variabilität des Stotterns (s. Kap. 3.2.3). Der Patienten sieht sich im Alltag ganz anderen Anforderungen ausgesetzt als in der Therapiesituation.

Potenziell relevante Unterschiede zwischen Gesprächssituationen im Alltag und in der Therapie

- Zeitdruck,
- Sprechgeschwindigkeit,
- vom Sprecher akzeptierte hohe Anforderungen an Inhalt und Form der Äußerung,
- Ängste und Befürchtungen, die der Sprecher mit dem Auftreten von Sprechunflüssigkeiten in dieser Situation verbindet (z. B. Angst vor Abwertung).

Die potenziell relevanten Aspekte, in denen sich alltägliche Gesprächssituationen von Gesprächen in der Therapie unterscheiden, sollten eingehend analysiert werden. Eine Stotterbehandlung sollte begonnen werden und die Funktion dieser Anforderungen und Kognitionen für das Stottern sollte in der Therapie anhand des Teufelskreis-Modells (s. Abbildung 2 und Kap. 4.1.2) besprochen werden.

Ausgeprägtes Selbstkontrollverhalten. Gelegentlich können Patienten ihr Stottern ausgezeichnet kontrollieren. Da diese Kontrolle jedoch mit Aufmerksamkeitszuwendung einhergeht, können Patienten dies berichten. Zugleich lässt die Effektivität der Selbstkontrolle in der Regel sehr bald nach. Deshalb wird in diesem Fall bereits nach längstens einer halben Stunde Stottern auch in der Therapiesituation auftreten und Diskrepanzen werden sich dadurch auflösen.

4 Behandlung des Stotterns

4.1 Darstellung der Therapiemethoden

In den folgenden Abschnitten werden die Bausteine dargestellt, die bei der Stotterbehandlung von Erwachsenen verwendet werden. Die folgende Abbildung 1 zeigt, dass die Verwendungsreihenfolge der Therapiebausteine der Gliederung der Unterkapitel entspricht.

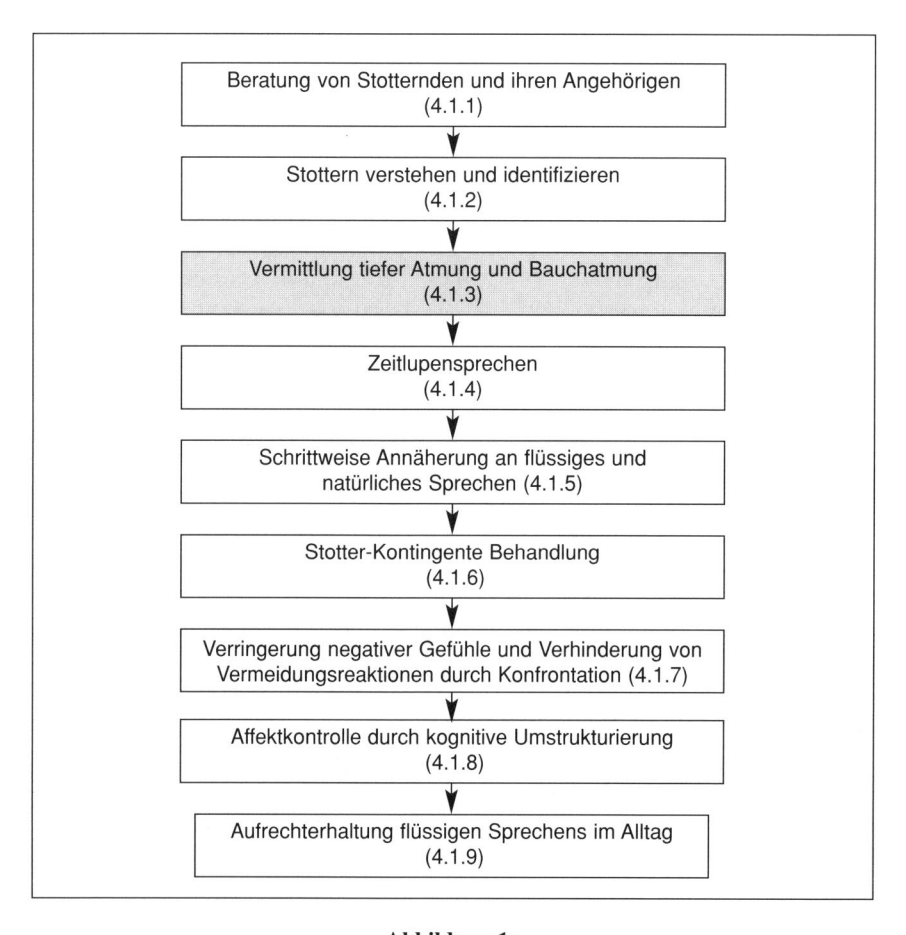

```
Beratung von Stotternden und ihren Angehörigen
(4.1.1)
        ↓
Stottern verstehen und identifizieren
(4.1.2)
        ↓
Vermittlung tiefer Atmung und Bauchatmung
(4.1.3)
        ↓
Zeitlupensprechen
(4.1.4)
        ↓
Schrittweise Annäherung an flüssiges und
natürliches Sprechen (4.1.5)
        ↓
Stotter-Kontingente Behandlung
(4.1.6)
        ↓
Verringerung negativer Gefühle und Verhinderung von
Vermeidungsreaktionen durch Konfrontation (4.1.7)
        ↓
Affektkontrolle durch kognitive Umstrukturierung
(4.1.8)
        ↓
Aufrechterhaltung flüssigen Sprechens im Alltag
(4.1.9)
```

Abbildung 1:
Abfolge der Verwendung der Therapie-Bausteine in der Therapie
(Verweise auf die Unterkapitel in Klammern)

Indikationen für Atemtraining in Kap. 4.1.3

Das Atemtraining ist im Unterschied zu den anderen Bausteinen grau unterlegt, weil es lediglich angewendet werden soll, wenn Dekoordinationen bei der Atmung an der Entstehung von Stottern beteiligt sind. Indikationen für das Atemtraining sind im Unterkapitel 4.1.3 dargestellt. Die übrigen

Bausteine sollen nacheinander verwendet werden. Das vorliegende Behandlungsprogramm orientiert sich an der „Integrierten Stotterbehandlung" nach Guitar (2006). Das Programm beschränkt sich nicht auf die Behandlung der Sprechmotorik (Kap. 4.1.3 bis 4.1.5), sondern bezieht auch Bausteine ein, in denen Gefühle und Überzeugungen behandelt werden (Kap. 4.1.2 und 4.1.6 bis 4.1.8). Eine weitere Besonderheit besteht darin, dass sowohl generell verlangsamtes Sprechen (Kap. 4.1.5) als auch stotterkontingente Verfahren (Kap. 4.1.6) zur Kontrolle des Stotterns zur Anwendung kommen.

4.1.1 Beratung von Stotternden und ihren Angehörigen

Zur „Beratung" gehört ein ganzes Bündel von Aufgaben; im Wesentlichen sind dies das Erkennen von Beratungsbedarf, die Vermittlung von Informationen über das Stottern, über Strategien zur Modifikation des eigenen Verhaltens und der Umgebung sowie über Möglichkeiten zur Reduktion der emotionalen und kognitiven Belastungen beim Sprechen. Der Übergang zwischen beraterischer und therapeutischer Aktivität ist fließend. Bei der Beratung liegt der Schwerpunkt auf der verbalen Vermittlung von Informationen und Strategien. Je stärker die Berater/Therapeuten die Auswirkungen ihrer Beratung am konkreten Verhalten der Patienten überprüfen und den Lernprozess der Patienten begleiten, desto mehr nähert sich die Beratung therapeutischer Intervention. Beratungen können sich natürlich nicht nur an stotternde Personen richten, sondern auch an Angehörige, soweit sie in den Therapieprozess einbezogen sind.

Beratung: verbale Vermittlung von Informationen

Therapie: Initiierung und Prüfung von Verhaltensänderungen

Aufklärung über die Natur des Stotterns. In diesem Kapitel werden Beratungsinhalte dargestellt, die einen unmittelbaren Bezug zur Stottertherapie haben. Der folgende Kasten liefert eine Übersicht über die wesentlichen Beratungsthemen in Stottertherapien. Regelmäßig werden von Betroffenen Informationen allgemeinerer Art vor allem über die Natur des Stotterns und zum Einsatz veränderter akustischer Rückmeldungen in Stottertherapien nachgefragt. Nähere Informationen zur Aufklärung über die Natur des Stotterns finden sich im Anhang (vgl. S. 106ff.) des Buches und über die Wirkung akustischer Rückmeldung in Bosshardt (in Vorb.). Beratungen sollten möglichst eng an den Informationsbedarf der Patienten und an den Therapieplan angebunden werden. Eine Beratung beispielsweise über den Einsatz veränderter akustischer Rückmeldung sollte nur dann angeboten werden, wenn die Patienten eine solche Aufklärung wünschen oder wenn dies zum Verständnis des Patienten für den Einsatz veränderter Rückmeldungen in der Therapie sinnvoll erscheint. Längere Referate, die nicht in direktem Zusammenhang mit Fragen, Hoffnungen und Zweifeln des Patienten oder der Angehörigen stehen, sollten vermieden werden.

Beratung sollte an dem Informationsbedarf des Patienten anknüpfen

> **Übersicht über wesentliche Beratungsinhalte**
>
> 1. Aufklärung über die Natur des Stotterns:
>   – Erkennen des Beratungsbedarfs,
>   – Anbindung der Beratung an die Bedürfnisse des Patienten,
>   – Erkennen des emotionalen Hintergrundes für den Beratungsbedarf.
> 2. Beziehungsgestaltung: Aktive Beteiligung des Patienten an Therapie und Nachsorge.
> 3. Stotterbehandlung als erfahrungsgeleiteter Lernprozess.
> 4. Identifikation des Stotterns, seiner situativen und emotionalen Einflussfaktoren.
> 5. Prinzip der hierarchischen Abarbeitung von Sprechsituationen: Vom Einfachen zum Schwierigeren.
> 6. Mögliche Therapieergebnisse:
>   – Spontan flüssiges Sprechen,
>   – Kontrollierte Sprechflüssigkeit,
>   – Kontrolliertes, leichteres Stottern.

Ein wesentliches Motiv für den Informationsbedarf von Patienten erwächst aus dem Bedürfnis, sich selbst und die eigene Symptomatik (bzw. die des Partners, etc.) besser verstehen zu können. Auch Ängste und Befürchtungen, „anders", „verrückt", „dumm" oder Ähnliches zu sein, zeigen einerseits natürlich, dass die Betroffenen Ängste und Befürchtungen haben, zeigen aber auch Beratungsbedarf an. Selbstverständlich dürfen Ängste nicht einfach „ausgeredet" werden. Dies würde allenfalls zur Tabuisierung dieser Themen führen. Vielmehr müssen Ängste in ihrer Funktion für die Entstehung und Aufrechterhaltung der Symptomatik analysiert und dem Patienten verständlich werden (s. Abbildung 2, S. 44, Kap. 4.1.7 und 4.1.8).

Wiederholung kann hilfreich sein

Therapeuten sollten sich nicht scheuen, Hintergrundinformationen über Stottern und Stotterbehandlung auch wiederholt anzusprechen, wenn Patienten Anhaltspunkte für Aufklärungsbedarf liefern. Aus Sicht der Patienten ist es meist hilfreich, wenn sie erfahren, dass bestimmte Informationen zum Verständnis ganz unterschiedlicher Kontexte relevant sind. Was Experten als Wiederholung erscheint, kann aus Sicht der Betroffenen eine hilfreiche Klarstellung sein. In dem hier vorgeschlagenen Sinne stellt Beratung nur ausnahmsweise ein eigenes in sich abgeschlossenes Behandlungsmodul dar. Beratung und Aufklärung über die Bedingungen, die Stottern auslösen und aufrechterhalten, können in allen Phasen des Therapieprozesses relevant und notwendig werden. Naturgemäß ist allerdings der Beratungsbedarf bei Behandlungsbeginn meist größer als in späteren Phasen.

Beziehungsgestaltung. Die Gestaltung der Beziehung zwischen Berater/ Therapeut und Patient (s. Kasten oben) ist ein ganz wesentlicher Bestandteil jeder Beratung und Therapie. Alle Beratungsmaßnahmen stehen unter der Zielsetzung, die aktive Mitarbeit des Patienten bei allen therapeutischen Entscheidungen in allen Phasen des Therapieprozesses zu ermöglichen. Ein Verständnis über die Natur des Stotterns, die Funktion von Motorik und Emotionen bei Sprechplanung und Kommunikation sind wesentliche Voraussetzungen dafür, dass Patienten selbst mit fortschreitender Behandlung Verantwortung für die Durchführung und Überwachung von Übungen übernehmen können.

Aktive Mitarbeit der Patienten ermöglichen

Stotterbehandlung als erfahrungsgeleiteter Lernprozess. Die Patienten sollten unbedingt auf einen längeren erfahrungsgeleiteten Lernprozess und nicht auf eine kurzfristige Intervention eingestellt werden (s. Kasten S. 40). Therapeutische Maßnahmen müssen für die Patienten einsichtige und nachweisbare Effekte haben. Beispielsweise muss eine Sprechweise, die in der Therapie vermittelt wird, die Stotterrate nachweisbar und nennenswert reduzieren. Sofern eine solche Verbesserung des Sprechens nicht erreicht wird, müssen die möglichen Gründe hierfür analysiert werden: Wurde die Sprechtechnik korrekt eingesetzt? Gab es Bedingungen, die den korrekten Einsatz der Sprechtechnik behindert haben? Hat der Patient motivationale oder einstellungsmäßige Hemmungen, die veränderte Sprechweise zu übernehmen? Ist die Indikation für diese Technik wirklich gegeben? Gibt es andere Techniken, die von diesem Patienten leichter umgesetzt werden können?

Zur Vorbeugung von Missverständnissen soll darauf hingewiesen werden, dass erfahrungsgeleitetes Vorgehen *nicht* bedeutet, dass zunächst nicht erfolgreiche Therapiemaßnahmen sofort aufgegeben und durch andere ersetzt werden. Lernprozesse benötigen Zeit. Rückschläge oder fehlende Veränderungen von einer Woche zur nächsten sind noch kein Anlass, wohlbegründete Therapiemaßnahmen zu modifizieren. Das Aufgeben einer nicht erfolgreichen Therapiemaßnahme ist selbstverständlich eine mögliche, aber keinesfalls die einzige Konsequenz, die beim Auftreten von länger anhaltenden Misserfolgen oder Stillständen in Betracht zu ziehen ist. Auf jeden Fall sollten genauestens die Gründe untersucht werden, die zu erwartungsdiskrepanten Resultaten geführt haben. Die Revision von Behandlungsentscheidungen erfordert eine ebenso sorgfältige und beobachtungsgestützte Analyse, wie sie der ursprünglichen Entscheidung für diese Maßnahme vorausgegangen ist.

Lernprozesse benötigen Zeit

Revision von Behandlungsentscheidungen erfordert Analyse

Hierarchische Abarbeitung von Sprechsituationen. Unter Bezug auf diagnostische Daten kann man den Betroffenen demonstrieren, dass Sprechflüssigkeit situativen Variationen unterliegt, die therapeutisch genutzt werden können (s. a. Kap. 4.1.2). Situative Variabilität der Sprechflüssigkeit bietet einen Ansatzpunkt, um das Prinzip der hierarchischen Abarbeitung von Sprechsituationen in der Therapie darzustellen. Beim hierarchischen Bearbeiten von Sprechsituationen erlernt der Patient neue Sprechfertigkeiten zunächst in einfachen Situationen. Danach überträgt er diese Fertigkeiten schrittweise in schwierigere Situationen. Dabei kann sich im Verlaufe der Therapie herausstellen, dass es bei bestimmten Situationen schwieriger oder sogar unmöglich ist, die Sprechflüssigkeit zu verbessern, während in anderen Situationen Fortschritte leichter erreichbar sind.

Zusammenfassung der Beratungsprinzipien

Beratungangebot sollte an die Bedürfnisse von Patienten (bzw. von deren Angehörigen) anknüpfen, sich selbst und die eigene Symptomatik besser zu verstehen.

Ängste vor dem Sprechen, Stottern und Versagen in sozialen Situationen müssen in ihrer Funktion für die Aufrechterhaltung und Verschlimmerung der Symptomatik analysiert und dem Patienten verständlich gemacht werden.

Wiederholtes Ansprechen von Hintergrundinformationen über Stottern und Stotterbehandlung kann hilfreich und notwendig sein.

Beratungsmaßnahmen sollten dem Ziel dienen, die aktive Mitarbeit des Patienten bei allen therapeutischen Entscheidungen zu ermöglichen.

Patienten sollten darauf vorbereitet werden, dass die Therapie ein längerer, erfahrungsgeleiteter Lernprozess und keine kurzfristige Intervention darstellt.

Patienten sollten das Prinzip der hierarchischen Bearbeitung von Sprechsituationen verstehen. Bei Verschlechterungen des Sprechens muss solange in leichteren Sprechsituationen geübt werden bis sich Erfolge einstellen. Bei Verbesserung des Sprechens können schwierigere Situationen in Angriff genommen werden.

Patienten sollten darauf vorbereitet werden, dass spontan flüssiges Sprechen nicht für alle Patienten in allen Situationen erreichbar ist – Konzept der situationsspezifischen Sprechflüssigkeit. Neben spontan flüssigem Sprechen in manchen Situationen kann in anderen Situationen kontrolliert flüssig oder mit akzeptablem Stottern gesprochen werden.

Patienten sollten darauf vorbereitet werden, dass sie sich sowohl während der Therapie als auch danach aktiv um eine Verbesserung des Sprechens bemühen müssen.

Notwendigkeit der Übernahme eigener Verantwortung durch Patienten

Auf jeden Fall sollten die Patienten auf ihre eigene aktive Rolle im Therapieprozess vorbereitet und motiviert werden. Der Therapeut hat lediglich die Funktion, einen Lernprozess beim Patienten in Gang zu bringen. Gerade in schwierigen Sprechsituationen bedarf es unter Umständen der ständigen Bemühungen von Seiten der Patienten, um Verbesserungen zu erreichen. Die Patienten sollten bereits zu Beginn der Therapie auf die Notwendigkeit zur Übernahme eigener Verantwortung für den Therapieprozess vorbereitet werden. Patienten sollten deshalb während der Therapie an der Konstruktion von Hierarchien beteiligt werden. Sie sollten befähigt werden, selbstständig Hierarchien zu erstellen. Patienten können verstehen, dass schwierige Sprechsituationen „einfacher" werden, wenn sie sich ihnen mit verbessertem Rüstzeug stellen. Sie sollten in der Lage sein, dass sie bei Verschlechterungen des Sprechens in leichteren Sprechsituationen üben und bei Erfolgen zunehmend schwierigere Situationen aufsuchen.

Mögliche Therapieergebnisse. Aus der Sicht der Patienten ist stotterfreies Sprechen in der Regel das wichtigste Ziel der Stotterbehandlung. Dies gilt für nahezu alle Patienten, einschließlich der Kinder, sofern sie sich ihrer Sprechstörung bewusst sind. Eine wichtige Beratungsaufgabe besteht darin, die Erreichbarkeit dieses Ziels durch einen therapeutischen Prozess darzustellen, der unter Umständen mühsam und teilweise auch von Rückschlägen begleitet sein kann. Viele Patienten sind auf einer allgemeinen Ebene gerne bereit, eine solche Prozessvorstellung zu übernehmen. Zur ehrlichen Darstellung gegenüber Jugendlichen und Erwachsenen gehört aber auch, dass sie darauf vorbereitet werden sollten, dass spontan flüssiges Sprechen nicht für alle Patienten in allen Situationen erreichbar ist. Mögliches Therapieergebnis kann auch eine „situationsspezifische Sprechflüssigkeit" sein. Darunter ist zu verstehen, dass ein Patient nach der Therapie in bestimmten Gesprächssituationen ohne bewusste Kontrolle flüssig sprechen kann, dass es aber zugleich andere Situationen geben kann, in denen er Aufmerksamkeit vom Gesprächsinhalt abziehen und sein Sprechen bewusst kontrollieren muss, um flüssig zu sprechen. Es gibt auch Patienten, die in bestimmten Situationen lediglich auf eine leichtere und akzeptablere Weise ohne Verkrampfungen und Krafteinsatz stottern können. Eine Vorhersage darüber, wer welches Ziel erreichen kann, ist nicht möglich. Aber die Patienten sollten darauf vorbereitet werden, dass sie sich sowohl während der Therapie als auch danach um eine Verbesserung des Sprechens bemühen müssen.

> Situationsspezifische Sprechflüssigkeit: spontan flüssiges Sprechen ist u. U. nicht in allen Situationen erreichbar

4.1.2 Stottern verstehen und identifizieren

Grundkenntnisse der Physiologie des Sprechens und der Phonetik vermitteln u. a. Habermann (2003) und Kent (1997). Diese Kenntnisse sind Voraussetzung dafür, dass der Therapeut die äußerlich sichtbaren Stottersymptome präzise identifizieren und dem Patienten deren Funktion erläutern kann.

In der Therapie muss die Einsicht vermittelt werden, dass nicht bestimmte Worte, schwierige Laute oder eine feindselige Einstellung der Gesprächspartner Stottern bewirken. Vielmehr sollte Stottern für den Betroffenen weniger rätselhaft und weniger bedrohlich werden, indem dem Betroffenen vermittelt wird, mit welchen Bewegungsmustern und emotionalen Aufregungen sein Stottern einhergeht. In dieser Phase zu Beginn der Stotterbehandlung sollte der Betroffene lernen, sachlich und ohne besondere emotionale Erregung über sein Stottern zu sprechen und die am Sprechen und Stottern beteiligten Verhaltensweisen und Gefühle identifizieren lernen.

> Stottern soll weniger rätselhaft werden

Sachlich auf Stottern reagieren

Das mit Stottern einhergehende äußere Verhalten und die Gefühlsreaktionen darauf zu erkennen, sind unverzichtbare Voraussetzungen dafür, dass der Patient im weiteren Verlauf der Therapie, therapeutische Maßnahmen in eigener Verantwortung durchführen und deren Effekte überprüfen kann. Außerdem soll die Konfrontation mit dem eigenen Stottern, begleitenden Bewegungen und dem Vermeiden von Wörtern und Sprechsituationen Angst abbauen helfen. Angstbesetzter und vermeidender Umgang mit dem Stottern soll im Verlauf der Konfrontationen durch sachliches und akzeptierendes Reagieren auf die Symptome ersetzt werden.

Zur Konfrontation des Patienten mit seinem Stottern werden Video- oder Audioaufzeichnungen von Gesprächen mit dem Therapeuten oder von Rollenspielen angefertigt. Diese Aufzeichnungen werden verwendet, um den Patienten mit den äußerlich sichtbaren Symptomen des Stotterns zu konfrontieren (vgl. Tabelle 10).

Sprechweise ermöglicht positive Beeinflussung des Stotterns

Für die emotionale Reaktion der Patienten auf ihr Stottern sollte der Therapeut ein Vorbild geben, indem er dem Patienten mit Interesse an seiner Person, an seiner Art zu sprechen und zu stottern begegnet. Das Stottern sollte weniger geheimnisvoll für den Patienten werden. Er sollte erfahren, dass Stottern nicht einfach „geschieht", sondern dass er es selbst unwillkürlich durch bestimmte Bewegungsmuster erzeugt. Der Patient sollte Zutrauen gewinnen, dass er durch Veränderung der Sprechbewegungen und der Sprechweise sein Stottern positiv beeinflussen kann. Dies bedeutet keinesfalls, dass der Stotterer selbst das Stottern verursachen und es genauso gut auch unterlassen könnte. Stotterer müssen zwar an der Beseitigung der Symptome mitwirken, und dies bedeutet jedoch nicht, dass sie „selbst Schuld" an deren Entstehung sind (für weitere Informationen, s. Bosshardt, 2004). Ein Ziel von Stottertherapien mit Erwachsenen besteht darin, automatisch und ohne willentliche Beteiligung des Betroffenen vorkommende Stottereignisse in größerem Maße durch den Betroffenen kontrollierbar zu machen.

Tabelle 10:
Konfrontation mit den äußerlich sichtbaren Symptomen des Stotterns

Identifikation und Imitation der mit Stottern einhergehenden Bewegungsmuster	Verkrampfungen der Atemmuskulatur, geringe Atemtiefe, dysfunktionale Atembewegungen, Schwierigkeiten am Phonationsbeginn, Schwierigkeiten an Lautübergängen, Verkrampfungen der Sprechmuskulatur
Erkennen von Mitbewegungen	Grimassen im Gesicht, Kopfbewegungen, Verspannungen in Hals, Nacken und Schulter, Zuckungen der Gliedmaßen, Blickabwendung und Augen verdrehen
Starter erkennen	Stereotype Laute, Worte oder Redewendungen, die realen oder erwarteten Sprechschwierigkeiten vorausgehen

Identifikation und Imitation der mit Stottern einhergehenden Bewegungsmuster. Durch Konfrontation mit Video- oder Tonaufnahmen vom eigenen Sprechen soll der Patient das Bewegungsmuster erkennen, das am Stottern beteiligt ist (vgl. Tabelle 10, S. 42): Atmung (geringe Atemtiefe und Sprechen mit Restluft, Verkrampfungen der Atemmuskeln, inspiratorisches Sprechen), Schwierigkeiten am Beginn von Vokalen und stimmhaften Lauten (Phonationsbeginn), Schwierigkeiten an Lautübergängen, indem z.B. der folgende Vokal durch inadäquate Mundstellung vorbereitet wird und schließlich Verkrampfungen in den Artikulatoren. Die betreffenden Bewegungsmuster oder Fehlkoordinationen soll der Patient sowohl identifizieren als auch imitieren können. Die meisten Patienten haben große Widerstände gegen das willentliche Imitieren ihres eigenen Stotterns. Widerstände dieser Art sind deutliche Anzeichen dafür, dass der Betroffene selbst das Stottern sehr negativ bewertet und sich in seiner Rolle als stotternder Sprecher ablehnt.

Widerstände gegen Imitation als Anzeichen für negative Bewertung des Stotterns

Erkennen von Mitbewegungen. Zur Konfrontation gehört auch, dass der Patient die eventuell mit dem Stottern einhergehenden Mitbewegungen erkennt (vgl. Tabelle 10, S. 42): Gesichtsgrimassen, Zunge vorschnellen, Bewegungen und Verkrampfungen der Augenbrauen, Kopfbewegungen, Verspannungen in Hals und Nacken, Zuckungen in den Gliedmaßen. Bedeutsam sind auch das Abwenden des Blicks und krampfhafte Verdrehungen der Augen.

Starter erkennen. Als Starter bezeichnet man stereotype Wörter, Redewendungen (z. B. „ja also", „sozusagen") oder Geräusche, die Stotterer vor Sprechbeginn einfügen (s. Tabelle 10). Es ist anzunehmen, dass diese Einfügungen Bestandteil von Vermeidungsverhalten sind, da sie einen zeitlichen Aufschub vor erwarteten Sprechschwierigkeiten bieten. Starter können auch den Zeitraum füllen, während dessen der Betroffene Worte oder Formulierungen sucht, bei denen er das Risiko zu stottern geringer einschätzt als bei der ursprünglich geplanten Äußerung.

Erkennen der emotionalen Hintergründe des Stotterns
– Teufelskreis des Stotterns (Abbildung 2, S. 44) mit eskalierender und de-eskalierender Seite
– Auslösebedingungen
– Emotionale Erregung

Teufelskreis des Stotterns. Bei vielen Menschen, die stottern, löst die Konfrontation mit den äußerlich sichtbaren Symptomen des Stotterns große Ängste und Befürchtungen aus. Diese Gefühle sollten ernst genommen und mit dem Patienten in ihrer funktionalen Bedeutung für Stottern und Vermeidung analysiert werden. Hierzu gehört die Vermittlung des „Teufelskreises" (s. Abbildung 2, S. 44). Der Teufelskreis hat eine „teuflische" oder eskalierende Seite (Abbildung 2 A, S. 44): erhöhte aversive emotionale

Reaktionen auf Stottern setzen Prozesse in Gang, die am Ende das erneute Auftreten von Stottern wahrscheinlicher machen.

Der Teufelskreis hat aber auch eine nützliche, de-eskalierende Seite, der die wichtigen Einflussgrößen zeigt, die in der Therapie verändert werden können (s. Abbildung 2 B). Diese Seite kann dazu benutzt werden, die Therapie zu strukturieren und die zugrunde liegenden Prinzipien zu erläutern. Die Vermittlung von Sprechweisen, die das Stottern unwahrscheinlicher machen, sind in der Regel nicht ausreichend, da gelegentlich vorkommende, kleinere Sprechunflüssigkeiten, wieder starke emotionale Reaktionen auslösen können, die dann wieder zur Eskalation führen. Aus diesen Gründen müssen in den meisten Fällen die emotionalen Auswirkungen von Stottern mitbehandelt werden. Schließlich gehört zur Deeskalation auch, dass mit geringem Kraftaufwand und ohne Verkrampfungen gesprochen wird.

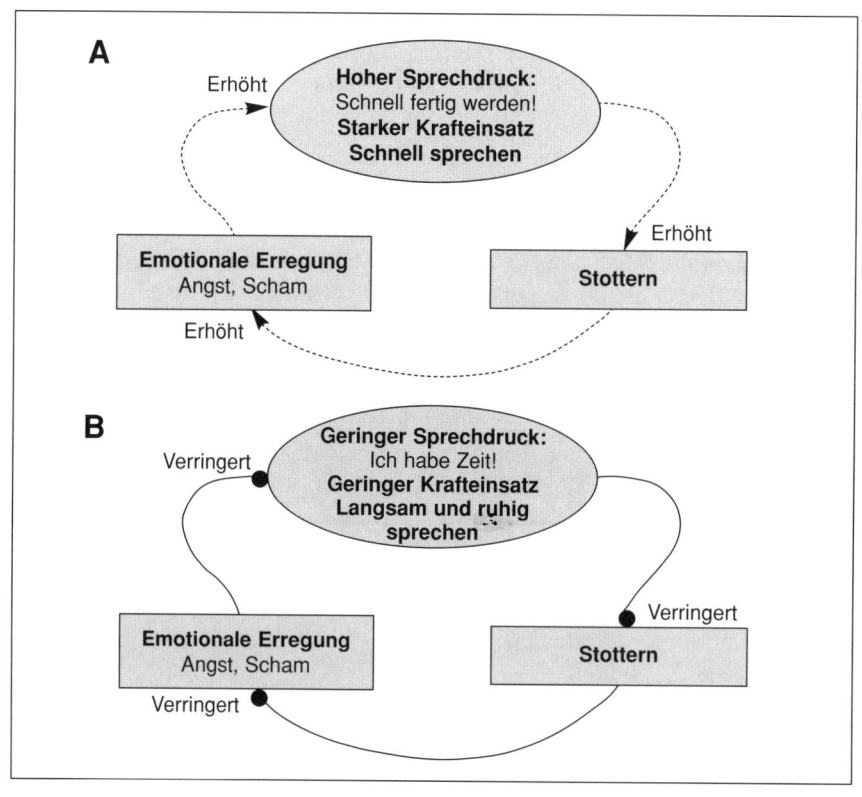

Abbildung 2:
Eskalierende (A) und de-eskalierende (B) Seite des Teufelskreises

Auslösebedingungen des Stotterns. Auslösebedingungen für Stottern sind in der Regel Situationen, in denen der Sprecher meint, dass er besonders schnell, besonders flüssig und inhaltlich besonders Wichtiges sagen muss

(s. Abbildung 2 A, S. 44). Der Betroffene sollte erkennen, auf welche Weise seine eigenen Wertungen (z. B. „Ich muss zügig antworten", „Ich will beweisen, dass ich nicht blöd bin", „Ich muss die Partnerin unbedingt von der Richtigkeit meiner Meinung überzeugen", „Der soll sich nicht über mich lustig machen") dazu beitragen, dass er sich unter Zeitdruck fühlt und meint, etwas besonders Wichtiges sagen zu müssen, damit er die Abwertung durch den Gesprächspartner verhindert. Vielen Betroffenen fällt es schwer, den Unterschied zwischen „Ich glaube, dass mich jemand für blöd hält" und „Der hält mich für blöd" anzuerkennen. Die funktionale Bedeutung solcher negativer Erwartungen (unterlegen zu sein, abgelehnt oder nicht als ebenbürtiger Partner anerkannt zu werden) für das Auftreten des Stotterns sollte vermittelt werden. In der Identifikationsphase sollte auch vermittelt werden, ob solche Erwartungen den Patienten veranlassen, Diskussionen, Gespräche, etc. zu vermeiden. In den Abschnitten 4.1.7 und 4.1.8 wird dargestellt, wie diese Informationen therapeutisch genutzt werden können.

Eigenen Beitrag zur Situationsbewertung erkennen

Emotionale Erregung. Erhöhte Scham wegen des Stotterns und Angst vor Abwertung durch den Gesprächspartner beeinflussen bei stotternden Menschen den Sprechablauf. Es gehört zur dispositionalen Ausstattung von stotternden Menschen, dass sie auf solche Emotionen mit Dekoordinationen der Atmung, Verkrampfungen der Kehlkopf- oder Sprechmuskulatur, sowie mit Dekoordination der Sprechplanung reagieren. Diese Reaktionen erhöhen die Wahrscheinlichkeit des Stotterns. Diese Zusammenhänge (vgl. Abbildung 2, S. 44) sollten dem Patienten vermittelt werden.

Bemerken von Stotterereignissen. Ein wichtiges Ziel der Konfrontation des Patienten mit den verschiedenen Aspekten des Stotterns besteht darin, dass er sich der Momente des Stotterns bewusst wird und sie in ihrer Schwere einschätzen lernt (vgl. Kasten). Meist fällt es leichter, die Einschätzungen zunächst anhand von Ton- oder Bildaufzeichnungen vorzunehmen und danach Stotterereignisse direkt ohne Aufzeichnung unmittelbar während des Sprechens zu identifizieren. Die Fähigkeit zur Selbsteinschätzung ist ganz wesentlich, damit die Patienten den Erfolg ihrer Bemühungen um Sprechflüssigkeit realistisch einschätzen lernen.

Erkennen von Stotterereignissen anhand von Aufzeichnungen und während des Sprechens

---

Erkennen und Beurteilen von Stotterereignissen in Aufzeichnungen und während des Sprechens

- Nachträgliches Erkennen und Einschätzen von Stotterereignissen anhand von Ton- oder Video-Aufzeichnungen.
- Stotterereignisse während des Sprechens erkennen und einschätzen.
- Einschätzung der Schwere des Stotterns auf einer Skala.
  0 = Kein Stottern; 5 = Mittleres Stottern; 10 = Schwerstes Stottern
- Schwere des Stotterns bei unverändertem, nicht verlangsamtem Sprechen mit dem Therapeuten und im Alltag beurteilen und die Einschätzungen mit dem Therapeuten abstimmen.

Einschätzung der Schwere des Stotterns. Zur Selbsteinschätzung kann eine 11-stufige Likert-Skala verwendet werden, die von Null bis 10 reicht (in Anlehnung an Lincoln & Packman, 2003). Die Skala ist im Anhang (vgl. S. 94) wiedergegeben. Die Stufe Null steht für stotterfreies Sprechen und die Stufe 10 steht für das schwerste Stottern, das vorkommen kann. Die Stufen Eins bis Neun sollen Abstufungen der Häufigkeit und Dauer von Laut- oder Silbenwiederholungen und die Stärke des Krafteinsatzes beim Sprechen widerspiegeln. Der Gebrauch dieser Skala sollte zum Abschluss der Konfrontationsphase geschult werden. Die Patienten werden bei definierten Sprechaufgaben angehalten, eine Einstufung der Schwere vorzunehmen. Eventuelle Diskrepanzen zwischen den Einschätzungen von Therapeut und Patient um mehr als eine Stufe werden mit dem Patienten diskutiert. In diesen Diskussionen sollen die Kriterien für die Einschätzungen expliziert werden. Relevant für die Schwere sind Dauer und Häufigkeit von Lautdehnungen, Laut- und Silbenwiederholungen, Krafteinsatz und das Vorkommen von Wortabbrüchen (s. a. Tabelle 4, S. 8 und Kap. 3.2).

Schulung der Schwere-Einschätzung

4.1.3 Vermittlung tiefer Atmung und Bauchatmung

Grundkenntnisse der Atemphysiologie vermitteln u. a. Habermann (2003) und Kent (1997). Diese Kenntnisse sind Voraussetzung dafür, dass der Therapeut die Rolle der Atmung für den Sprechvorgang und für das Stottern erläutern und Unregelmäßigkeiten in der Sprechatmung identifizieren kann.

Das Atemtraining sollte nur dann eingesetzt werden, wenn der Patient Hinweise auf Irregularitäten bei der Atmung oder Koordination zwischen Atmung und Phonation zeigt.

Irregularitäten bei der Atmung

Zuckungen im Bauchraum unterhalb der Rippenbögen (Zwerchfell) begleiten Stottern oder gehen Stotterereignissen voraus:
– Zuckungen sind äußerlich sichtbar oder können vom Patienten mit aufgelegter Handfläche gefühlt werden.

Hinweise auf besonders flache Atmung:
– Während des Sprechens wird nur kurz und kaum feststellbar geatmet.
– Dauer des Einatmens ist sehr kurz relativ zur Sprechdauer.
– Routinemäßig besonders leises Sprechen.

Beim Sprechen wird am Ende des Atemzyklus mit erhöhtem Krafteinsatz die Restluft herausgepresst:
– Stottern tritt häufig gegen Ende des Ausatmens auf.

Sprechen beim Einatmen.

> Dekoordination von Atmung und Phonation:
> – Am Äußerungsbeginn zeigen sich wiederholt Pressbewegungen im Bauchraum (Zwerchfell), ohne dass ein Laut erzeugt wird.
> – Schnelle rhythmische Inspirationsbewegungen (Schnappatmung) vor Sprechbeginn.

Das Atmungssystem ist die Energiequelle für den Sprechvorgang. Für das Sprechen muss der Sprecher einen erhöhten Luftdruck unterhalb der Stimmlippen erzeugen und während des Sprechens aufrechterhalten. An der Einatmung wie an der Aufrechterhaltung eines konstanten Atemdruckes sind im Wesentlichen der Brustkorb und das Zwerchfell, sowie deren Zusammenspiel mit dem Kehlkopf beteiligt. Gleichmäßiges Einatmen beruht auf der Hebung des Brustkorbes und dem Absenken des Zwerchfells. Dieser Mechanismus muss den Patienten mit Bezug auf die individuellen Sprechprobleme verständlich gemacht werden. Dies kann man leicht veranschaulichen, indem man die Patienten sich selbst während des Sprechens rhythmisch auf den Bauch drücken und die Auswirkungen auf die Stimme beobachten lässt.

Erklärung der Funktion des Atmens beim Sprechen

Die hier vorgeschlagenen Atemübungen (s. Tabelle 11, S. 48) schaffen günstige Voraussetzungen für das Einüben stotterfreier Sprechweisen, aber als alleinige Maßnahmen reduzieren sie meist nicht das Stottern. Das in Tabelle 11 skizzierte Programm kann normalerweise innerhalb von drei bis fünf Sitzungen durchgeführt werden. Das Programm führt dazu, dass beim Sprechen tiefer eingeatmet und der Anteil der Bauchatmung am Atemvolumen erhöht wird. Die letzte Phase des Programms (Sprechen unter Bauchatmung) sollte mit Übungen zum verlangsamten und weichen Sprechen (s. Kap. 4.1.5 und 4.1.6) kombiniert werden. Weitere Anregungen für Atemübungen können dem Lehrbuch von Ham (2000) entnommen werden.

Atemübungen führen zu tiefer Atmung und erhöhen den Beitrag der Bauchatmung

Zu Anfang des Atemtrainings atmen Patienten manchmal aus Übereifer zu schnell und zu viel (Hyperventilation). Dies führt zu Schwindelgefühlen oder Unwohlsein. Die Patienten müssen auf diese Gefahr vorbereitet werden und sollen in diesem Fall die Übungen erst dann fortsetzen, wenn das Schwindelgefühl wieder verschwunden ist (in der Regel etwa nach 1 bis 2 Minuten normaler Atmung). Das Ziel der Übungen besteht darin, dass die tiefere Atmung über fünf Minuten ohne Anstrengung und ohne Schwindelgefühle durchgeführt werden kann.

Eine andere Gefahr besteht darin, dass die Atemtiefe durch Krafteinsatz erhöht wird. In diesem Fall wird mit Kraft Reserveluft herausgepresst. Dieser erhöhte Krafteinsatz macht sich meist in einem Vibrieren der Stimme bemerkbar. Dies ist ebenfalls ein Fehler, auf den die Patienten vorbereitet werden müssen. Die Übungen müssen so gestaltet werden, dass ohne erhöhten Krafteinsatz eine größere Atemtiefe als vorher erreicht wird. Dies ist nach einiger Übung für alle gesunden Patienten erreichbar.

Tabelle 11:
Trainingsphasen zur Erhöhung der Atemtiefe und der verstärkten Einbeziehung der Bauchatmung

Unterscheiden von Bauch- und Brustatmung und Ermittlung der Atemdauer	– Beobachten der Brust- und Bauchbewegungen beim Sprechen, im Sitzen und in Rückenlage. – In Rückenlage und bei Ruheatmung die Hand auf den Bauch legen und durch Zählen die Dauer von Ein- und Ausatmung ermitteln.
In Rückenlage und Ruheatmung: Verlängerung der Ein- und Ausatmenphasen der Bauchatmung (täglich als Hausaufgabe durchführen)	– Verdoppelung der Dauer von Ein- und Ausatmung für die Dauer von 1 Minute. Kontrolle der Atembewegungen durch Hand auf dem Bauch. – Verdoppelung der Dauer von Ein- und Ausatemphasen für die Dauer von 2 Minuten usw. bis 5 Minuten.
Im Stehen: In Ruheatmung die Ein- und Ausatmenphasen der Bauchatmung verlängern (tägliche Übungen)	– Einüben der Bauchatmung ohne Beteiligung des Brustkorbes; Kontrolle durch Hand auf Bauch. – Verdoppelung der Dauer von Ein- und Ausatemphasen für die Dauer von 2 Minuten usw. bis 5 Minuten.
Im Sitzen: In Ruheatmung die Ein- und Ausatmenphasen der Bauchatmung verlängern (tägliche Übungen)	– Einüben der Bauchatmung ohne Beteiligung des Brustkorbes; Kontrolle durch Hand auf den Bauch. – Verdoppelung der Dauer von Ein- und Ausatemphasen für die Dauer von 2 Minuten usw. bis 5 Minuten.

Im Sitzen: Lautproduktion unter Bauchatmung (tägliche Übungen)	– Produktion eines Vokals für die Dauer des Ausatmens ohne Beteiligung des Brustkorbes; Kontrolle durch Hand auf den Bauch.
	– Intonatorische Variationen der Vokalbildung:
	  – Langsame Steigerung oder Abfall der Tonhöhe und Lautstärke über die Dauer des Ausatmens.
	  – „Sirenenartiger" Anstieg und Abfall der Tonhöhe innerhalb eines Ausatmens.

Im Sitzen: Sprechen unter Bauchatmung (tägliche Übungen)	– Produktion eines Wortes für die Dauer des Ausatmens ohne Beteiligung des Brustkorbes; Kontrolle durch Hand auf Bauch. – Produktion einer Phrase oder eines Satzes zunehmend größerer Länge unter Bauchatmung. Kontrolle der Bauchatmung durch Hand auf den Bauch. – Fortführung verlangsamten Sprechens, wie in den Unterkapiteln 4.1.5 und 4.1.6 beschrieben.

Für Ungeübte ist die Bauchatmung am schwierigsten im Sitzen zu realisieren und stellt sich in Rückenlage automatisch ein. Deshalb ist es wichtig, dass mit den Übungen in Rückenlage begonnen wird. Die Übungen im Stehen dienen lediglich als Zwischenschritt, wenn die Übertragung des in Rückenlage Erlernten auf das Sitzen Schwierigkeiten bereitet. Sofern der Patient Bauchatmung im Sitzen leicht realisieren kann, können die Übungen im Stehen verkürzt oder ausgelassen werden.

4.1.4 Zeitlupensprechen

Patienten unterscheiden sich darin, auf welche Weise sie am schnellsten eine Sprechweise erlernen können, deren Einsatz zuverlässig flüssiges Sprechen erlaubt. Hier soll das Zeitlupensprechen dargestellt werden, da mit dieser Sprechtechnik dieses Ziel auf jeden Fall erreicht werden kann. Zwar können viele Patienten durch Imitation eines verlangsamt sprechenden Vorbildes diese Fertigkeiten schneller erwerben. Wenn Patienten allerdings Schwierigkeiten beim Nachahmen verlangsamten Sprechens haben, werden genauere Anweisungen erforderlich, wie sie im Zeitlupensprechen vermittelt werden.

Das Zeitlupensprechen (vgl. Tabelle 12) ist ein etabliertes Verfahren (ausführlich dargestellt bei Zückner, 2004a, 2004b), das beim Patienten Gefühl und Verständnis für die im Sprechen und Stottern involvierten Bewegungen vermittelt[7]. Dabei werden die Patienten geschult, ihre Sprechbewegungen stark zu verlangsamen und weich und ohne Verkrampfungen auszuführen. Das Zeitlupensprechen stellt eine sehr unnatürlich klingende stark verlangsamte Sprechweise dar, die in dieser Form nicht im Alltag verwendet werden soll.

Weiche und langsame Sprechbewegungen

Tabelle 12:
Vermittlung verlangsamten Sprechens durch Zeitlupensprechen

Stark verlangsamtes Sprechen aller Laute – auch von Plosiven (s. Text).	– Sprechen mit einer Geschwindigkeit von 50 Silben oder ca. 35 Worten pro Minute. – Weicher Stimmeinsatz und weiche Artikulationsbewegungen. – Unter Beteiligung der Bauchatmung tief und entspannt einatmen und beim Ausatmen stark verlangsamt sprechen.
Verlangsamtes Sprechen von schrittweise größeren Einheiten	– Listen von 20 ein-, zwei- und dreisilbigen Worten stark verlangsamt sprechen. Mit einsilbigen Worten beginnen und danach mit zwei- und dreisilbigen Worten fortfahren (Es können die Wortlisten im Anhang, S. 102–105, verwendet werden). – Patienten sollen Worte der Listen nach eigener Wahl mit bestimmtem oder unbestimmtem Artikel und danach mit Adjektiven versehen und in Zeitlupe sprechen. – Aus Worten der Liste Sätze bilden und stark verlangsamt aussprechen. Sätze mit „Angstgegnern" (s. Text) als Stichwörter bilden und verlangsamt sprechen. – Größere Einheiten in kleinere segmentieren.

Wortlisten im Anhang S.102–105

Verlangsamtes Sprechen mit weichem Stimmeinsatz. Beim Zeitlupensprechen wird jeder Laut eines Wortes auf ca. eine halbe Sekunde gedehnt. Dies ist ganz einfach durch Zeitverlängerung zu realisieren bei Vokalen

---
[7] Im Unterschied zu Zückner werden hier alle Teile des Wortes in Zeitlupe gesprochen.

(a, o, u, e, i, etc.), Reibelauten (h, f, s, sch, ch, etc.), Nasalen (m, n, ng), Lateralen (l) und Intermittenden (r). Zur Dehnung von Plosivlauten (p, b, t, d, k, g) werden diese „aspiriert" (behaucht) gesprochen. Am Beispiel des Wortes „Tal" soll das Prinzip der gedehnten Sprechweise erläutert werden. Das „T" wird produziert, indem die Zungenspitze weich gegen das obere Zahnfach gedrückt wird. Man lässt zunächst etwas Luft zwischen Zungenspitze und Gaumen entweichen und produziert dadurch für ca. eine halbe Sekunde ein aspiriertes „T". Währenddessen bewegt sich der Unterkiefer bei geöffnetem Mund langsam nach unten; dabei bewegt sich auch die Zunge langsam mit nach unten, verliert den Kontakt zum Gaumen und beendet dadurch die Produktion des „T". Die Phonation für das „a" beginnt mit langsam anschwellender Lautstärke ungefähr dann, wenn Unterkiefer und Zunge an ihren Tiefpunkten angekommen sind. Nach ca. einer weiteren halben Sekunde bewegt sich die Zungenspitze wieder langsam zur Bildung des „l" nach oben gegen den Gaumen, wobei der Laut „a" kontinuierlich weiter klingt.

Stimmhafte Plosive werden auf ähnliche Weise wie stimmlose gedehnt. Allerdings beginnt im Vergleich mit stimmlosen Lauten die Lautgebung bereits früher, nämlich während des Übergangs zum folgenden Laut. Für das Wort „das" beispielsweise beginnt man damit, stimmlos Luft zwischen Zungenspitze und Gaumen entweichen zu lassen. Die Stimmgebung für das „a" begleitet beim stimmhaften „d" allerdings bereits die Abwärtsbewegungen von Unterkiefer und Zungenspitze. Nachdem Unterkiefer und Zunge am unteren Tiefpunkt angekommen sind, bewegen sie sich wieder aufwärts. Während der Aufwärtsbewegung wird die Phonation für das „a" beendet. Wenn die Zungenspitze das vordere, obere Zahnfach berührt, lässt man die Luft hörbar durch einen Spalt in der Mitte strömen. Auf diese Weise entsteht das stimmlose „s".

Weicher Stimmeinsatz und Beteiligung der Bauchatmung. Das Zeitlupensprechen eignet sich sehr gut, um Sprechen unter Beteiligung von tiefer Bauchatmung (s. Kapitel 4.1.3), weiche Sprechbewegungen und sanften Lautanstieg zu üben. Beim weichen Sprechen werden die Artikulatoren (Kinn, Zunge, Lippen) weich und mit geringem Krafteinsatz bewegt und der Stimmeinsatz erfolgt durch langsames Zusammenführen wenig gespannter Stimmlippen. Zur Phonation mit weichem Stimmeinsatz lässt man die Stimmlippen langsam mit steigender Intensität einschwingen. Weitere, sehr detaillierte Anweisungen zur Durchführung des Zeitlupensprechens und differenzierte Lautbeispiele können dem von Zückner veröffentlichten Material (2004a; 2004b) entnommen werden.

Verlangsamtes Sprechen von ein-, zwei- und dreisilbigen Worten

Verlangsamtes Sprechen schrittweise größerer Einheiten. Verlangsamtes Sprechen wird zunächst anhand von Listen einsilbiger Worte vermittelt. Wenn die Sprecher diese extrem verlangsamte Sprechweise bei einsilbigen Worten (z. B. „Bad", „Cent", „Dach") sicher beherrschen, sollen sie diese beim stotterfreien Vorlesen von Listen zweisilbiger Worte einsetzen. Der Anhang (vgl. S. 102–105) enthält fünf Listen mit jeweils 20 ein-, zwei- und dreisilbigen Substantiven, die für diesen Zweck verwendet werden können. Wenn ein Patient dreisilbige Wörter ohne Stottern verlangsamt sprechen kann, sollte er aufgefordert werden, jedes Substantiv der Liste mit einem bestimmten oder unbestimmten Artikel seiner Wahl zu versehen und in Zeitlupe zu sprechen. Noch längere Einheiten werden gebildet, indem die Patienten die Wörter der Liste durch Artikel und Adjektive ihrer Wahl erweitern und die gesamte Phrase verlangsamt sprechen. Die Fähigkeit zum Zeitlupensprechen soll auch bei ganzen Sätzen geübt werden, die die Patienten aus den Wörtern der Liste bilden. Auf dieser Stufe sollte auch das verlangsamte Sprechen von Sätzen geübt werden, die „Angstgegner" enthalten. Angstgegner sind Worte, bei denen die Patienten angeben, dass sie Sprechschwierigkeiten damit haben. Die Vermittlung des Zeitlupensprechens ist abgeschlossen, wenn die Patienten in der Lage sind, Sätze und Sätze mit Angstgegnern ohne Stottern verlangsamt zu sprechen. Gelingt auch das stotterfreie Wiederholen von Angstgegnern, bestärkt dies die Patienten in ihrer Zuversicht, dass sie Stottern durch verlangsamtes Sprechen verhindern können.

Verlangsamtes Sprechen von Phrasen und Sätzen

Segmentierung in kleinere Einheiten. Beim Sprechen von Phrasen oder Sätzen sollte neben der korrekten zeitlichen Dehnung auch auf Atemökonomie und angemessene Segmentierung geachtet werden. Es kommt nämlich häufig vor, dass Patienten beim Zeitlupensprechen von längeren Einheiten in Atemnot geraten und gegen Ende der Einheit mit Restluft unter höchster Anspannung sprechen. Die Patienten müssen lernen, längere Einheiten in kürzere Einheiten aufzuteilen und rechtzeitig Atem zu holen.

Selbstverständlich können bei entsprechenden Fortschritten auch Hierarchiestufen übersprungen werden. Sofern irgendeine der Stufen der Vermittlung des Zeitlupensprechens nicht ohne Stottern bewältigt werden konnten, sollten die Übungen auf der vorherigen Stufe bis zur Zielerreichung wiederholt werden, bevor auf der schwierigeren Stufe weitergearbeitet wird. Die jeweils folgende Stufe mit längerem Material wird erst dann geübt, wenn auf der vorherigen Stufe das vereinbarte Erfolgskriterium (z. B. keines von 100 Worten gestottert) erreicht wurde.

4.1.5 Schrittweise Annäherung an flüssiges und natürliches Sprechen

In Shaping-Prozeduren wird nach anfänglich starker Verlangsamung das Sprechen schrittweise einer möglichst natürlich klingenden, flüssigen Sprechweise angenähert. Verlangsamtes Sprechen kann auch stotter-kontingent eingesetzt werden. Im Englischen werden die Shaping-Prozedur als „Fluency Shaping" und der stotter-kontingente Einsatz als „Stuttering Modi-

Shaping: schrittweise Annäherung an natürliches flüssiges Sprechen

Training zur Erhöhung der Natürlichkeit des Sprechens

fication" bezeichnet. In diesem Unterkapitel soll die Shaping-Prozedur näher beschrieben werden. In einigen Fällen ist es nötig, Sprechnatürlichkeit in einem gesonderten Schritt zu üben. Ein solches Training zur Erhöhung der Sprechnatürlichkeit wird am Ende des vorliegenden und stotter-kontingente Prozeduren werden im darauf folgenden Abschnitt 4.1.6 dargestellt.

Adaptive Durchführung des Programms

Verlangsamtes Sprechen ist weitgehend inkompatibel mit dem Auftreten von Stotterereignissen. In Tabelle 13 wird eine Shaping-Prozedur vorgestellt, die sich an dem Vorgehen von Onslow und Packman (1997) orientiert. Dieses Programm soll adaptiv durchgeführt werden. Darunter ist zu verstehen, dass keine starre, für alle Patienten gleiche Abfolge von Behandlungsschritten eingehalten werden muss, sondern die Annäherung an natürliches Sprechen in Alltagssituationen sollte an individuellen Fortschritten des Patienten ausgerichtet sein.

Shaping verlangsamten stotterfreien Sprechens. In Tabelle 13 sind einige Sprechaufgaben mit ansteigender Schwierigkeit von oben nach unten geordnet. Jede Gruppe von Sprechsituationen unterscheidet sich von der vorherigen durch zusätzliche Anforderungen. Diese zusätzlichen Anforderungen erhöhen die Wahrscheinlichkeit des Stotterns, weil sie zu Interferenzen mit anderen Planungsvorgängen oder mit der Sprechmotorik führen (s. a. Kapitel 2.4). Die in Tabelle 13 vorgegebenen Schwierigkeitsabstufungen sind als bewährte und theoretisch fundierte Anregungen zu verstehen, die vom Therapeuten kreativ den Erfordernissen des Einzelfalls angepasst werden sollten. Sprechübungen sollten maximal fünf Minuten dauern.

Tabelle 13:
Shaping verlangsamten stotterfreien Sprechens

Sprechsituationen	Aufgaben, Kriterien
Monologisches Sprechen I – Vorlesen von Zeitungs- oder literarischen Texten, die der Patient ausgewählt hat. – Wiedergabe von zuvor Gelesenem mit eigenen Worten	1. Stark verlangsamtes lautes Sprechen. 2. Bewertung der Schwere des Stotterns und der Sprechnatürlichkeit. Kriterium: Fünf Minuten stotterfrei oder Schwere des Stotterns maximal 2.
Monologisches Sprechen II – Beschreiben von selbst gewählten Situationen, Erfahrungen, Arbeitsabläufen, Urlaubserlebnissen, etc.	1. Mit selbst gewählter Geschwindigkeit stotterfrei und so natürlich wie möglich sprechen. 2. Bewertung der Schwere des Stotterns und der Sprechnatürlichkeit. Kriterium: Fünf Minuten stotterfrei oder Schwere des Stotterns maximal 2.
Konversation über Alltagsthemen – mit Therapeut im Therapieraum, – in anderen Räumen, – in Anwesenheit von Fremden – mit Familienangehörigen, – mit Berufskollegen, Bekannten	1. Mit selbst gewählter Geschwindigkeit stotterfrei und so natürlich wie möglich sprechen. 2. Bewertung der Schwere des Stotterns und der Sprechnatürlichkeit. Kriterium: Fünf Minuten stotterfrei oder Schwere des Stotterns maximal 2.

Tabelle 13 (Fortsetzung):
Shaping verlangsamten stotterfreien Sprechens

Sprechsituationen	Aufgaben, Kriterien
Rollenspiele mit strittigen Diskussionen über wichtige Themen – aus Familien- oder Bekanntenkreis, mit Kollegen – in und außerhalb des Therapieraums durchführen	1. Mit selbst gewählter Geschwindigkeit stotterfrei und so natürlich wie möglich sprechen. 2. Bewertung der Schwere des Stotterns und der Sprechnatürlichkeit. Kriterium: Fünf Minuten stotterfrei oder Schwere des Stotterns maximal 2.
Rollenspiele mit Telefonanrufen und reale Anrufe – Anrufe vom Therapeuten annehmen – Therapeuten anrufen – Durchführung der Therapie über das Telefon – Telefonische Auskünfte einholen – Telefonisch Einladungen aussprechen – Telefonisch Einladungen ablehnen – Telefonisch Preisverhandlungen führen, etc.	1. Mit selbst gewählter Geschwindigkeit stotterfrei und so natürlich wie möglich sprechen. 2. Bewertung der Schwere des Stotterns und der Sprechnatürlichkeit. Kriterium: Fünf Minuten stotterfrei oder Schwere des Stotterns maximal 2.

Monologisches Sprechen I. Monologische Sprechsituationen stellen im Vergleich zu Konversationen, Streitgesprächen und Telefonaten eine leichtere Gruppe von Sprechsituationen dar, weil die Sprechinhalte vom Patienten alleine geplant werden. Beim Lesen fehlt sogar eine eigene Planung von Inhalten. Die Wiedergabe von vorher Gelesenem liegt in der Schwierigkeit zwischen freiem Monolog (s. folgenden Abschnitt) und Lesen, weil dies bereits in geringem Umfang auch eigene Planungen des Sprechers erfordert. Diese einfacheren Übungen zum monologischen Sprechen sollen sicherstellen, dass der Patient das Zeitlupensprechen, das bisher nur in isolierten Sätzen geübt wurde, auch in zusammenhängenden Äußerungen realisieren kann. Anhand der Aufzeichnung der Sprechproben sollte im Anschluss immer eine Bewertung der Schwere und der Natürlichkeit des Sprechens auf 11-stufigen Skalen vorgenommen werden (s. Anhang S. 94). Die stark verlangsamte Sprechweise geht notwendigerweise mit einem großen Maß an Unnatürlichkeit einher. Diese Bedingung dient zum Vergleich mit dem weniger langsam und möglichst natürlich gesprochenen Sprechen in der zweiten Gruppe von monologischen und den folgenden nichtmonologischen Situationen der Hierarchie (Tabelle 13). Der Übergang zur folgenden Hierarchiestufe setzt voraus, dass in fünf Minuten nicht gestottert oder die Schwere des Stotterns maximal mit Stufe 2 bewertet wurde (Ratingskalen sind Anhang auf S. 94 dargestellt). Eine monologische Übung dieser ersten Art sollte insbesondere dann wiederholt werden, wenn auf einer der nachfolgenden Stufen das festgesetzte Erfolgskriterium nicht erreicht wurde.

Monologisches Sprechen II. Diese Übung stellt höhere Anforderungen an den Sprecher als die vorherige, weil hier die Sprache vollständig vom Sprecher generiert werden muss. Außerdem ist es dem Sprecher freigestellt, wie schnell er spricht – vorausgesetzt er spricht stotterfrei und so natürlich wie möglich. Die Monologe werden aufgezeichnet und der Patient soll sein Sprechen im Hinblick auf Natürlichkeit und Schwere des Stotterns mit den 11-stufigen Skalen beurteilen (vgl. Anhang S. 94). Wird das Kriterium stotterfreien Sprechens verfehlt bzw. wird das Stottern als schwerer eingeschätzt als auf Stufe 2 der 11-stufigen Skala (vgl. Anhang S. 94), muss die Sprechgeschwindigkeit reduziert und möglicherweise eine etwas stärkere Unnatürlichkeit in Kauf genommen werden. Wenn die angezielte Unnatürlichkeit die Stufe 2 auf der 11-stufigen Skala übersteigt, dann sollte mit dem Patienten besprochen werden, auf welche Weise er die Natürlichkeit seines Sprechens erhöhen kann. Variationen der Sprechgeschwindigkeit (unbetonte Silben schneller als betonte), Veränderungen der Sprechmelodie und der Lautstärke (unbetonte Silben leiser als betonte) kommen hierfür in Frage. Bevor auf die folgende Schwierigkeitsstufe übergegangen wird, sollte stotterfrei gesprochen werden bzw. die Schwere des Stotterns auf der 11-stufigen Skala maximal auf Stufe 2 einschätzt werden und das Sprechen sollte so natürlich wie möglich klingen.

Konversationen über Alltagsthemen. Konversationen sind deshalb in der Regel schwieriger als Monologe, weil die Patienten auch auf die Beiträge ihrer Partner reagieren müssen. In der Gesprächssituation steht ihnen deshalb weniger Zeit zur Planung ihrer eigenen Beiträge zur Verfügung. Auch in Konversationen können die Klienten so sprechen, dass sie stotterfrei sind und möglichst natürlich klingen. Diese Übungen sollten gelegentlich auch in anderen Räumen als dem Therapieraum durchgeführt werden (z. B. auf dem Gang, im Café o. Ä.). Es ist immer wieder verblüffend, dass auch geringfügig erscheinende Änderungen in der Umgebung das Stotterverhalten beeinflussen können. Auch Konversationen werden aufgezeichnet und anhand der Aufzeichnungen beurteilt der Patient sein Sprechen im Hinblick auf Natürlichkeit und Schwere des Stotterns mit den 11-stufigen Skalen (vgl. Anhang S. 94). Verfehlt er das Kriterium stotterfreien Sprechens, muss er die Sprechgeschwindigkeit reduzieren und eventuell eine etwas stärkere Unnatürlichkeit in Kauf nehmen. Wenn die Unnatürlichkeit größer ist als Stufe 2 auf der 11-stufigen Skala, sollte mit dem Patienten besprochen werden, auf welche Weise er seine Natürlichkeit erhöhen kann (s. monologisches Sprechen II). Bevor auf die folgende Schwierigkeitsstufe übergegangen wird, sollte stotterfrei gesprochen werden bzw. die Schwere des Stotterns auf der 11-stufigen Skala maximal auf Stufe 2 einschätzt werden und das Sprechen sollte so natürlich wie möglich klingen.

Geringfügige Veränderungen der Umgebung können Stottern beeinflussen

Rollenspiele mit strittigen Diskussionen. Strittige Diskussionen stellen im Vergleich zu Konversationen wiederum höhere Anforderungen, weil es sich meist um persönlich wichtige Themen handelt und weil die Sprecher ihren Dissens auf eine Weise ausdrücken sollen, die die Beziehung zum Partner nicht gefährdet. Ein höherer Zeitdruck beim Sprecherwechsel kann eine weitere Erschwernis darstellen. In der Therapiesituation kann man solche Diskussionen in Rollenspielen realisieren. Der Therapeut übernimmt dabei die Rolle des Gegenspielers. Die Streitsituation kann anspruchsvoller gemacht werden, indem der Therapeut beim Sprechwechsel weniger Zeit lässt oder sogar willentlich unterbricht. Solche Erschwernisse sollten allerdings vor Beginn des Rollenspiels abgesprochen werden. Auch Rollenspiele von Streitsituationen sollten in unterschiedlichen Räumen durchgespielt werden. Die Aufzeichnungen von solchen Gesprächen sollten ebenfalls im Hinblick auf Schwere des Stotterns und Unnatürlichkeit des Sprechens bewertet werden. Auch auf dieser Hierarchiestufe sollte das Kriterium fünf Minuten stotterfreien Sprechens erreicht werden (Ratingstufe 0 bis 2 auf der 11-stufigen Skala). Wird dieses Kriterium verfehlt, muss der Klient sein Sprechen verlangsamen. Übersteigt die Unnatürlichkeit des Sprechens die Stufe 2 auf der Unnatürlichkeits-Skala, sollten wiederum Möglichkeiten zur Erhöhung der Natürlichkeit mit dem Patienten besprochen werden (ausführlicher bereits bei Konversationen besprochen). Bei stotterfreiem Sprechen bzw. bei Einstufungen der Schwere des Stotterns von 2 oder geringer kann das Telefon-Training begonnen werden, auch wenn die Unnatürlichkeit höher als 2 auf der 11-stufigen Unnatürlichkeits-Skala liegt.

Erschwerung durch Zeitdruck

Rollenspiele von Telefonanrufen und reale Anrufe. Am Telefon liegen weniger Informationen über das tatsächliche Verhalten des Gesprächspartners vor als im Gespräch. Das Telefon ist deshalb für viele Stotterer eine besonders schwierige Situation, weil sie diese Lücke mit ihren eigenen Befürchtungen ergänzen. Bestandteil dieser Befürchtungen ist vielfach auch die Annahme, dass sie möglichst schnell sprechen müssten, weil sonst der Partner auflegen könnte. Auf dieser Hierarchie-Stufe sollen Anrufe in Rollenspielen mit dem Therapeuten durchgespielt und reale Anrufe getätigt werden. Dabei sollen die Patienten mit selbst gewählter Geschwindigkeit stotterfrei und natürlich sprechen. Auch diese Gespräche sollen aufgezeichnet und im Hinblick auf Schwere des Stotterns und Unnatürlichkeit des Sprechens bewertet werden.

Notwendigkeit eines Trainings zur schrittweisen Erhöhung der Natürlichkeit des Sprechens. Wie bereits bei der Besprechung der Hierarchie (Tabelle 13, S. 52 f.) dargestellt, verlassen nicht alle Patienten diese Hierarchie natürlich sprechend. Nach erfolgreicher Teilnahme an einem Verlangsamungsprogramm klingt die Sprache selten „normal" und in vielen Fällen sogar im Vergleich zum Sprechen vor Therapiebeginn noch unnatürlicher (Kalinowski, Noble, Armson & Stuart, 1994). Es gibt zwar einige Patienten, die bereits nach einer fünf Minuten dauernden Imitation eines

Vorbildes unter ihrer üblichen Sprechgeschwindigkeit natürlich und stotterfrei sprechen können (Onslow & Packman, 1997). Dies ist jedoch nicht die Regel und ein zusätzliches Training zur schrittweisen Annäherung an natürlich klingendes Sprechen kann erforderlich werden.

Training zur schrittweisen Erhöhung der Natürlichkeit des Sprechens

Ausgangsniveau

Annäherung an das Zielniveau in drei Schritten

Ein Training zur schrittweisen Erhöhung der Natürlichkeit des Sprechens wurde von Ingham und Onslow vorgestellt (1985). Mit diesem Training kann begonnen werden, sobald ein Patient in allen Sprechsituationen der Hierarchie (Tabelle 13, S. 52f.) verlangsamt stotterfrei sprechen kann. Zunächst soll in 45 Minuten verlangsamten Sprechens (ca. 70 Worte pro Minute) ein Ausgangsniveau der Unnatürlichkeit ermittelt werden (z. B. Stufe 5). Dieses Ausgangsniveau wird in drei Schritten einem Zielniveau relativ großer Natürlichkeit angenähert, das der Stufe 2 auf der 11-Punkte-Skala entspricht (z. B. im ersten Schritt von 5 auf 4, danach von 4 auf 3 und im letzten Schritt auf 2). Hierzu wird dem Sprecher nach jeder Minute rückgemeldet, wie natürlich er gerade vorher gesprochen hat. Zugleich werden die Sprecher aufgefordert, Geschwindigkeit, Betonung oder Sprechmelodie des Sprechens so zu verändern, dass es stotterfrei bleibt und einen Schritt natürlicher klingt: d. h. die Differenz zwischen der tatsächlichen Unnatürlichkeit und der am Ende angestrebten Unnatürlichkeit von 2 soll um ein Drittel geringer werden. Wenn ein Patient für mindestens fünf Minuten Sprechzeit flüssig und eine Stufe natürlicher als vorher sprechen konnte, dann wird er aufgefordert, die Natürlichkeit um eine weitere Stufe zu erhöhen und auf diese Weise die Diskrepanz zwischen tatsächlicher Natürlichkeit und der angestrebten Natürlichkeit um eine weitere Stufe zu vermindern: d. h. die Differenz zwischen der jetzt erreichten und der angestrebten Natürlichkeit von zwei um eine weiteres Drittel zu reduzieren. Wenn auch dieser Grad an Natürlichkeit bei gleichzeitiger Stotterfreiheit für die Dauer von mindestens fünf Minuten erreicht ist, wird auf der letzten Stufe das Sprechtraining mit der angestrebten Sprachnatürlichkeit von 2 wiederholt.

Manche Patienten können die Natürlichkeit nur erhöhen, indem sie zugleich eine erhöhte Stotterrate in Kauf nehmen. Für einzelne Patienten gibt es auch problematische Sprechsituationen, in denen sie nur stotterfrei bleiben können, wenn sie unnatürlich verlangsamt sprechen. Bei dieser kleinen Gruppe von Patienten bzw. Situationen helfen die Einschätzungen der Natürlichkeit, um den Kompromiss zwischen tolerierter Stotterrate und Sprechnatürlichkeit festzulegen.

4.1.6 Stotter-kontingente Behandlung

In diesem Abschnitt werden Techniken dargestellt werden, die in enger zeitlicher Nachbarschaft zu Stotterereignissen eingesetzt werden. Das hier dargestellte Vorgehen hat große Ähnlichkeit mit dem von Guitar (2006) vorgeschlagenen „integrierten Ansatz". In diesem Ansatz werden die generell verlangsamte Sprechweise (Kap. 4.1.5) und der stimulus-kontingente Einsatz verlangsamten Sprechens (vgl. folgender Kasten) als einander ergänzende Techniken verwendet. Im vorigen Unterkapitel wurde eine Sprechtechnik dargestellt, die die Sprechflüssigkeit erhöht, indem der Patient lernt, generell verlangsamt zu sprechen. Hier geht es um Techniken, bei denen der Betroffene lernt, unmittelbar nachdem er gestottert hat oder befürchtet, dass er stottern wird, kurzfristig langsamer zu sprechen.

Kurzfristige stotter-kontingente Verlangsamung

Hier werden zunächst die stotter-kontingenten Techniken besprochen (s. folgender Kasten). Im Anschluss soll dargestellt werden, auf welche Weise generell verlangsamtes Sprechen und stotter-kontingente Verlangsamung sich gegenseitig ergänzen und welche Hindernisse bei der Übertragung von genereller oder stotter-kontingenter Verlangsamung in den Alltag entgegenstehen können (s. Kasten auf S. 60).

Stotter-kontingente Behandlungsmaßnahmen

1. Unterbrechung nach Stottern (Time-out):
   – Einverständnis mit Unterbrechung einholen und unbedingtes Recht des Patienten zum jederzeitigen Aussetzen des Trainings sicherstellen.
   – Nach Beendigung des gestotterten Wortes (spätestens 1 Sek. nach dem Stottern) eine Pause von 1 Sek. bis 2 Sek. einführen.
   – In der Pause: Aus- und einatmen, die Sprechmuskulatur entspannen, gestottertes Wort verlangsamt, flüssig wiederholen.
2. Kontrolle für die Unterbrechung vom Therapeuten an Patienten übergeben.
3. Präventive Verlangsamung und Entspannung vor erwartetem Stottern (Preparatory Set).
4. Übertragung von Unterbrechungen in den Alltag:
   – Hierarchie von alltäglichen Sprechsituationen erstellen (z. B. Monologe, Gespräche mit Familienangehörigen, Bekannten und Kollegen, Auseinandersetzungen und Diskussionen) und in Rollenspielen vorbereiten.
   – Kotherapeuten zur Erleichterung der Übertragung einsetzen: Situative Eingrenzung, Einverständnis und Beendigungsmöglichkeit vereinbaren.

Stotter-kontingente Behandlungsmaßnahmen sollten erst begonnen werden, nachdem der Betroffene Stotterereignisse sicher identifizieren und verlangsamt mit weichem Stimmeinsatz und entspannter Atmung sprechen kann (s. Kap. 4.1.2 bis 4.1.5).

Unterbrechung nach Stottern. Vor Beginn des eigentlichen Unterbrechungstrainings sollte der Therapeut unbedingt zwei Dinge sicherstellen (vgl. Kasten S. 57). Als erstes muss mit dem Patienten besprochen werden, dass er selbstverständlich zu jeder Zeit das Recht hat, zu sprechen und zu stottern. Es muss erklärt werden, dass Unterbrechungen lediglich dazu dienen, den Anteil flüssigen Sprechens zu erhöhen: die Unterbrechung durch den Therapeuten ist lediglich ein Zwischenstadium, das möglichst bald durch Selbstunterbrechungen ersetzt werden soll. Besonders betont werden sollte auch das Recht des Patienten, jederzeit das Unterbrechungstraining auszusetzen und zu sprechen, „wie ihm der Schnabel gewachsen ist". Meist kommen dabei Redeverbote zur Sprache, die sich stotternde Personen selbst erteilen, ohne sich dessen wirklich bewusst zu sein (s. hierzu auch Kap. 4.1.7 und 4.1.8). Die Unterbrechung selbst sollte erst am Ende des gestotterten Wortes erfolgen. Immer wird also das Wort zu Ende gesprochen/gestottert und danach eine Pause eingelegt. Zur Einhaltung der zeitlichen Kontingenz ist es außerordentlich wichtig, dass die Unterbrechung innerhalb von einer Sekunde nach dem Stottern erfolgt.

Kontrolle an Patienten übergeben. Die Unterbrechung des Sprechens durch den Therapeuten darf nur ein Zwischenstadium sein. Erst die Selbstkontrolle auch im Alltag außerhalb der Therapiesituation bietet Übungs- und Transfermöglichkeiten zur Aufrechterhaltung der Sprechflüssigkeit (s. u.). Das Training der Selbstunterbrechung sollte sofort beginnen, nachdem die Abfolge „Stottern, Pause mit Aus- und Einatmen, Entspannung und verlangsamt weiter sprechen" vermittelt worden ist (vgl. Kasten S. 57). Die Selbstunterbrechung durch den Patienten muss systematisch geübt und vom Therapeuten belohnt werden. Hierzu fertigt der Patient Strichlisten für seine erfolgreichen Selbstunterbrechungen an. Zu Beginn des Trainings wird der Prozentsatz der vom Patienten unbeachteten Stotterereignisse relativ hoch sein. Nach vorliegenden Untersuchungen scheint eine aus Sicht des Therapeuten ungenaue Identifikation des Stotterns von ca. einem Viertel sogar eine größere therapeutische Wirkung zu haben als höhere Identifikationsraten (James, 1981a, 1981b, 1983). Stotterkontingente Unterbrechung nach ca. 25 % der Stotterereignisse kann vorteilhaft sein, weil hierdurch eine intermittierende Verstärkung erreicht wird (vgl. Costello & Ingham, 1984).

Präventive Verlangsamung. Die Beherrschung der Selbstunterbrechung ist auch eine Voraussetzung dafür, dass das verlangsamte Sprechen vom Betroffenen antizipativ eingesetzt werden kann. Bei erwarteten Sprechschwierigkeiten soll der Patient die betreffenden Äußerungsteile verlangsamt mit weichen Sprechbewegungen produzieren. Bei antizipierten Sprechschwierigkeiten muss in der Regel keine Pause eingelegt werden. Eine Pause kann allerdings auch bei antizipiertem Stottern sinnvoll sein, besonders wenn Verkrampfungen der Sprech- und Atemmuskulatur die Erwartung von Sprechproblemen begleiten.

Übertragung von Unterbrechungen in den Alltag. Sobald die Selbstunterbrechung sicher beherrscht wird, sollten die Patienten ermutigt werden, diese Fertigkeit in alltägliche Sprechsituationen zu übertragen. Erste Erfahrungen mit Selbstunterbrechungen sollten die Patienten zunächst in einfacheren Sprechsituationen in der Familie oder mit Partnern machen. Die Situationen sollten so ausgewählt werden, dass Stottern in nennenswertem Umfang vorkommt und entsprechend Übungsmöglichkeiten bestehen. Sobald erste positive Erfahrungen aus diesen Situationen berichtet werden, sollten die Patienten ermuntert werden, Selbstunterbrechungen in anderen Situationen auszuprobieren.

Man sollte die Selbstkontrolle bei einfachen monologischen Sprechsituationen in Anwesenheit von Partnern oder Familienangehörigen (Lesen, Wiedergeben des Gelesenen) beginnen und dann zu schwierigeren, frei formulierten Berichten (über vorher Gelesenes, Tagesablauf, etc.), Diskussionen und Besprechung von Meinungsverschiedenheiten übergehen (für weitere Anregungen zur Konstruktion von Hierarchien s. Tabelle 13, S. 52 f.). Insbesondere die schwierigeren Sprechsituationen, wie Diskussionen und Auseinandersetzungen sollten in der Therapiesituation in Rollenspielen vorbereitet werden.

Einbeziehung von Partnern als Kotherapeuten
Beim Transfer der Unterbrechung kann das Einbeziehen von Partnern besonders dann hilfreich sein, wenn die Patienten in Alltagssituationen Schwierigkeiten haben, sich selbst zu unterbrechen. Allerdings sollten hierbei folgende Grundsätze unbedingt beachtet werden: a) *Situative Eingrenzung:* Die Tätigkeit von Kotherapeuten sollte unbedingt auf bestimmte Situationen eingegrenzt werden (z. B. auf Vorlesesituationen oder Gesprächssituationen beim Essen im Familienkreis oder beim Sprechen über den Tagesablauf). Situative Eingrenzung soll verhindern, dass der Betroffene unbeabsichtigt vom Kotherapeuten in öffentlichen Situationen bloß gestellt wird. b) *Einverständnis des Betroffenen:* Außerdem muss sichergestellt sein, dass der Betroffene mit der Unterbrechung seines Sprechens einverstanden ist. c) *Beendigung durch den Betroffenen:* Durch eine einfache Aufforderung oder Bitte muss der Betroffene die Unterbrechung durch den Partner jederzeit ohne weitere Begründung beenden können. Das Einver-

ständnis des Betroffenen mit dem Vorgehen und die jederzeitige Möglichkeit zum Widerruf dieses Einverständnisses gewährleisten, dass beispielsweise therapeutische Hilfe und streitige Auseinandersetzungen nicht vermischt werden.
d) *Selbstkontrolle:* Auch die Einbeziehung von Partnern ist lediglich eine Übergangsphase. Das Ziel muss immer sein, dass Betroffene sich selbst kontrollieren und die Wirkung ihrer Kontrollmaßnahmen selbst überprüfen. Die Einbeziehung von Angehörigen kann auf diesem Wege ein hilfreiches Zwischenstadium darstellen.

Der Therapeut sollte unbedingt den Einsatz von Unterbrechungen im Alltag überprüfen. Dies kann geschehen, indem der Patient Aufzeichnungen von Alltagsinteraktionen anfertigt. Diese Aufnahmen können in der Therapie im Hinblick auf das Unterbrechungsverhalten analysiert werden. Der Therapeut kann auch den Patienten zu Kaufberatungen oder Gesprächen im Familienkreis u. Ä. begleiten und dort sein Unterbrechungsverhalten beobachten.

Ergänzender Einsatz genereller und stotter-kontingenter Verlangsamung

– Vorteile stotter-kontingenter Verlangsamung:
  – Verlangsamung begrenzt auf gestotterte Worte.
  – Weitgehende Beibehaltung der persönlichen Denkgeschwindigkeit.
– Vorteil generell verlangsamten Sprechens:
  – Generelle Verlangsamung ist besonders nützlich bei Personen mit sprechmotorischen Schwierigkeiten.
– Persönlich präferierte Technik sollte bevorzugt eingesetzt und nötigenfalls durch die jeweils andere Technik ergänzt werden.
– Emotionale Hemmungen gegen den Einsatz verlangsamten Sprechens im Alltag.

Vorteile stotter-kontingenter Verlangsamung und generell verlangsamten Sprechens. Stotter-kontingente Verlangsamung (im vorliegenden Kapitel) und generell verlangsamtes Sprechen (s. Kap. 4.1.5) sind die beiden Techniken, mit denen die Patienten ihre Sprechflüssigkeit verbessern können. Sie sollten von den Patienten als einander ergänzende Möglichkeiten zur Verbesserung der Sprechflüssigkeit angesehen werden. Es gibt Patienten, die hauptsächlich mit nur einer der beiden Techniken ihre Sprechflüssigkeit befriedigend kontrollieren können (Schwere des Stottern maximal zwei auf der 11-stufigen Skala). Es gibt aber auch Patienten, die sich beider Techniken bedienen müssen, um dieses Ziel zu erreichen. Generell verlangsamtes Sprechen sollte dann besonders intensiv geübt werden, wenn sprechmotorische Schwierigkeiten im Vordergrund stehen. Sprechmotori-

Intensive Übung genereller Verlangsamung ist bei sprechmotorischen Schwierigkeiten besonders wichtig sche Schwierigkeiten zeigen sich, wenn Stottern auch in automatischen Sprechaufgaben vorkommt (Wochentage aufzählen, von 20 bis 40 zählen, vgl. Balbutiogramm im Anhang S. 96). Generelle Verlangsamung hat den Vorteil, dass sie wenig bewusste Aufmerksamkeitszuwendung erfordert, wenn sie stark automatisiert ist und das verlangsamte Sprechen vom Patienten als angenehm empfunden wird.

Stotter-kontingente Verlangsamung wird von vielen Patienten gerne verwendet, weil das Sprechen meist natürlicher klingt und weil Verlangsamung auf die gestotterten Worte begrenzt bleibt. Außerdem erzwingt diese Technik – anders als generell verlangsamtes Sprechen – keine wesentliche Verlangsamung der persönlichen Denkgeschwindigkeit beim Sprechen. Allerdings machen stotter-kontingente Unterbrechungen alleine keinen Sinn, wenn sie das Sprechen noch unflüssiger machen als es ohne Sprechkontrolle bereits ist. In diesem Fall kann generell verlangsamtes Sprechen die Stotterrate soweit reduzieren, dass stotter-kontingente Verlangsamung überflüssig wird oder eine gute Ergänzung darstellt.

Stotter-kontingente Maßnahmen: Sprechen klingt natürlich

Die Patienten sollten ermutigt werden, die von ihnen präferierte Technik zu verwenden und wenn nötig die jeweils andere Technik ergänzend einzusetzen.

Emotionale Hemmungen gegen Verlangsamungen im Alltag. Die hier dargestellten stotter-kontingenten Verlangsamungen verbessern nicht nur die Sprechflüssigkeit, sondern machen zugleich jedes Stotterereignis noch auffälliger als es sowieso schon ist. Auch bei genereller Verlangsamung klingt das Sprechen nicht immer so natürlich wie der Sprecher es sich wünscht. Aus diesem Grunde haben viele Patienten Schwierigkeiten, eine dieser Sprechkontrollen im Alltag anzuwenden. Der Patient muss grundsätzlich selbst entscheiden, wie er sich darstellen und wie er sprechen möchte. Zur Erleichterung dieser Entscheidung sollten Ton- oder Videoaufnahmen mit und ohne Kontrollen gegenübergestellt werden. Meist ergibt diese Gegenüberstellung, dass der Patient das stotterfreie Sprechen mit generell oder stotter-kontingent verlangsamtem Sprechen dem gestotterten Sprechen ohne solche Kontrollen vorzieht. Scheu und Scham können dennoch die Umsetzung im Alltag verhindern. Dies verweist auf die Notwendigkeit von Maßnahmen zur Minderung negativer Gefühle, die in den folgenden beiden Unterkapiteln dargestellt werden.

Patient entscheidet über die Art des Sprechens

4.1.7 Verringerung negativer Gefühle und Verhinderung von Vermeidungsreaktionen durch Konfrontation

Das Ziel der hier darzustellenden Maßnahmen besteht darin, negative Gefühle und Einstellungen zum Stottern zu reduzieren. Die Verringerung emotionaler Reaktionen auf das Stottern dient der Rückfallprophylaxe. Es

Verringerung emotionaler Reaktionen dient der Rückfallprophylaxe

soll dadurch verhindert werden, dass ganz selten vorkommende Stottererereignisse einen Lernprozess nach Art des eskalierenden Teufelskreises (s. Abbildung 2, S. 44) in Gang setzen und das Stottern wieder wahrscheinlicher machen. Ähnlich wie bei der Behandlung von phobischen Ängsten soll auch in Stotterbehandlungen der Betroffene über längere Zeit hinweg mit dem gefürchteten Stottern konfrontiert werden, ohne dass Vermeidungsreaktionen auftreten. Konfrontierende Techniken zur Behandlung von Ängsten vor dem Stottern werden hier in Anlehnung an Guitar (2006) dargestellt. Im Unterschied zu Guitar wird hier empfohlen, unabhängig von der Schwere der Angstsymptome Maßnahmen zur Angstbehandlung erst zu beginnen, nachdem Fertigkeiten zum flüssigen Sprechen vermittelt worden sind.

Maßnahmen zur Beeinflussung der Gefühle und Einstellungen von Menschen, die stottern

– Konfrontierende Maßnahmen (Kap. 4.1.7):
  – Offenes, sachliches Sprechen über das Stottern mit Partnern und Fremden.
  – Kommentieren von Stotterereignissen (s. a. Kap. 4.1.2).
  – Willentliche Benutzung von gefürchteten Worten („Angstgegner"), Verhindern von Wortaustausch und Aufsuchen von gefürchteten Sprechsituationen.
  – Einfrieren von Stotterereignissen.
  – Willentliches Stottern (Pseudostottern).
– Kognitive Umstrukturierung: Aufweis dysfunktionaler Selbstverbalisationen (Kap. 4.1.8).

Offenes Sprechen über das Stottern mit Partnern und Freunden. Im Folgenden sollen die im Kasten zusammengefassten Prozeduren der Reihe nach besprochen werden. Die erste Maßnahme ist teilweise identisch mit dem Vorgehen, das bereits in Unterkapitel 4.1.2 dargestellt worden ist. Zielsetzung in der Identifikationsphase war, eine Arbeitsgrundlage für die Therapie zu schaffen; die Betroffenen sollten in der Therapie ihr Stottern identifi-

Sachliche Haltung zum Stottern

zieren können und eine weitgehend sachliche Haltung zum Stottern einschließlich seiner emotionalen Grundlagen einnehmen können. In der nun zu besprechenden Phase der Therapie soll diese sachliche unemotionale Einstellung zum Stottern auch in Alltagssituationen realisiert werden. Beispielsweise gibt es Familienväter und -mütter, die seit ihrer Kindheit stottern, aber noch nie in ihrem Leben mit ihren (teilweise erwachsenen) Kindern, Partnern oder Eltern über das Stottern gesprochen haben. Die wesentlichen Gründe liegen in Gefühlen der Scham, der eigenen Unzulänglichkeit und Schwäche.

Den Betroffenen sollte vermittelt werden, dass die mit Stottern verbundenen Ängste und Befürchtungen geringer werden, wenn sie offen über ihr Stottern sprechen – schließlich ist die Tatsache des Stotterns sowieso allen Beteiligten bekannt. Dennoch ist dieses Thema für viele Stotterer mit großen Ängsten verbunden. Zur Bearbeitung dieser Ängste erhalten Patienten die Aufgabe, mit bestimmten Personen über ihre Therapie und ihr Stottern zu sprechen, zu erkunden, wie ihre Partner das Stottern bewerten, und sie zu Fragen nach dem Stottern zu ermuntern.

Über Stottern sprechen

Kommentieren von Stotterereignissen. Eine andere Aufgabe besteht darin, beim Auftreten eines Stotterereignisses dieses Ereignis sachlich zu kommentieren: „Oh je, das ist mir jetzt schwer gefallen" oder „Heute habe ich aber wieder ordentliche Probleme mit dem Sprechen". Kommentare dieser Art fallen stotternden Personen sehr schwer, weil sie fürchten, damit ihre Schwäche noch offensichtlicher zu machen als sie sowieso bereits durch das Stotterereignis selbst ist. Mit großem Einfühlungsvermögen sollte der Therapeut mit den Patienten die Aufgaben so zusammenstellen, dass diese ihre negativen Gefühle reduzieren lernen. Eine positivere Einstellung zum eigenen Sprechen und Kommunizieren verhindert, dass bei jeder geringfügigen Sprechunflüssigkeit die de-eskalierende Seite des Teufelskreises (s. Abbildung 2) erneut in Gang kommt.

Stottern sachlich kommentieren

Willentliches Benutzen von gefürchteten Worten. Das willentliche Benutzen von gefürchteten Worten, der Verzicht auf den Austausch von gefürchteten durch „einfachere" und der Verzicht auf Starthilfen (z. B. „ja also"), sind weitere Maßnahmen. Mit den Patienten sollte eine Liste von gefürchteten Worten oder von Worten erstellt werden („Angstgegner"), die einen gefürchteten Laut enthalten. Dieses Material wird in einer Hierarchie von Sprechaufgaben mit dem Ziel verwendet, ohne emotionale Erregung diese gefürchteten Worte sprechen zu können. Die Patienten lesen zunächst diese Liste laut vor, bilden danach Sätze mit den Worten und geben abschließend kurze Erklärungen über die Bedeutung und den Inhalt der durch diese Worte bezeichneten Dinge. Diese Sprechübungen dienen zum einen der Festigung der vorher erlernten verlangsamten Sprechweise. Verbunden mit diesen Übungen ist die generelle Aufforderung, diese Worte möglichst oft im Alltag zu gebrauchen.

Liste von gefürchteten Worten erstellen

Ähnlich kann auch eine Liste gefürchteter bzw. vermiedener Gesprächssituationen erstellt werden, die von den weniger beängstigenden Gesprächssituationen (einer Kollegin „Guten Morgen" sagen) zu den am meisten gefürchteten Situationen reicht (sich am Telefon mit eigenem Namen melden, sich einem Fremden vorstellen, u. Ä.). Bei der Abarbeitung der Hierarchie kann es sinnvoll sein, dass der Therapeut dies in Rollenspielen vorbereitet oder auch zusammen mit dem Patienten diese Situationen aufsucht. Dabei kann der Therapeut auch als Modell fungieren.

Liste von gefürchteten Sprechsituationen erstellen

Einfrieren von Stotterereignissen. Die beiden Maßnahmen „Einfrieren" und „Pseudostottern" erscheinen als eine Art paradoxer Intervention, da das Stottern zeitlich ausgedehnt (Einfrieren) bzw. häufiger gemacht wird (Pseudostottern). Für viele Patienten ist das Stottern so aversiv, dass diese Maßnahmen ungeeignet sind, die emotionalen Reaktionen zu mindern. Patienten können von diesen Übungen nur profitieren, wenn ihr Widerstand nach zwei- bis dreimaliger Wiederholung geringer wird. Dies sollte ausprobiert werden.

Das „Einfrieren" des Stotterns (englisch: freezing) dient der Erhöhung der Toleranz für Stotterereignisse. Ein normalerweise unbewusst ablaufender Vorgang soll willentlich wiederholt und in seiner Dauer verlängert werden. Wenn beispielsweise eine Silbe wiederholt wird, so soll der Stotternde auf ein Zeichen hin diese Silben willentlich für einige Sekunden weiter wiederholen. Wenn gerade eine Dehnung oder eine Verkrampfung aufgetreten ist, dann soll der Stotterer auf das Zeichen hin diese Dehnung oder Verkrampfung verlängern. Wesentlich ist dabei, dass der Stotterer lernt, das jeweilige Stotterverhalten für einige Zeit aufrechtzuerhalten und dabei emotional ruhig und gelassen zu bleiben. Man geht so vor, dass man ein Zeichen ausmacht, das zum Einfrieren auffordert; dies kann das Heben einer Hand oder das Berühren des Unterarms des Stotterers sein. Sobald der Stotternde während einer Konversation stottert, gibt man das verabredete Zeichen und verlangt, dass der Stotternde das betreffende Verhalten solange fortführt, wie das Zeichen gegeben wird. Während des Einfrierens soll der Patient ruhig und gelassen bleiben und keine Anzeichen von Frustration oder Erregung zeigen. Wenn der Patient während des Einfrierens wegschaut, wird er ermutigt, Blickkontakt zu halten.

<aside>Verabredung eines Zeichens zum „Einfrieren"</aside>

Man beginnt mit dem Einfrieren des Stotterns für die Zeit von 1 bis 2 Sek. und verlängert diese Zeit schrittweise bis der Stotternde selbst spürt, wie im Einfrieren die Spannung aus den Artikulatoren von selbst schwindet und er das Stottern leicht selbst beenden kann. Das Ziel der Verlängerung der Dauer des Einfrierens besteht darin, dass der Stotternde eine leichtere, weniger verkrampfte Form der Wiederholung erlernt. Angespanntes und verkrampftes Sprechen soll in entspannte Laut- oder Silbenwiederholungen übergeführt werden.

<aside>Eine leichte Form des Stotterns lernen</aside>

Willentliches Stottern (Pseudostottern). Willentliches Stottern stellt ein sehr wirksames Verfahren zur Reduktion von Ängsten und Befürchtungen dar. Allerdings entwickeln viele Stotterer zunächst erhebliche Widerstände dagegen. Schließlich sind sie in die Therapie gegangen, um das Stottern zu verlieren. Dennoch kann die Logik des Vorgehens am Beispiel einer Phobie gut verständlich gemacht werden. Die Angst vor Aufzügen oder großen Höhen wird man nicht verlieren können, wenn man aus Angst diese Plätze meidet. Der Angstkranke kann seine Ängste vermindern, wenn er sich schrittweise den gefürchteten Bereichen nähert und neue Verhaltensweisen lernt, die die alten Ängste ersetzen.

<aside>Angstreduktion durch schrittweise Annäherung</aside>

Auf eine ähnliche Weise kann man auch lernen, die Angst vor dem Stottern zu reduzieren. Der Therapeut sollte dem Betroffenen modellhaft willentliches Stottern vormachen. Hierzu sollte er auf möglichst natürliche Weise Silben leicht und ohne Verkrampfungen wiederholen und Laute gedehnt sprechen. Der Therapeut muss dabei völlig natürlich, ruhig und unverkrampft wirken. Nachdem der Therapeut das willentliche Stottern vorgemacht hat, wird der Betroffene aufgefordert, dieses Verhalten zu übernehmen. Hat der Patient Schwierigkeiten dabei, kann der Therapeut übergangsweise anbieten, dass beide gemeinsam willentlich stottern. Die Bemühungen des Patienten, willentlich zu stottern, sollten vom Therapeuten eingehend gewürdigt und positiv bekräftigt werden.

Therapeut als Modell für willentliches Stottern

Nachdem der Patient willentlich zu stottern gelernt hat, sollte diese Fähigkeit mit Fremden geübt werden. Hierzu sollte der Therapeut wieder als Vorbild dienen und willentlich stotternd beispielsweise eine Wegauskunft einholen, die Tageszeit erfragen oder ein Verkaufsgespräch in einem Geschäft in Anwesenheit fremder Personen führen. Wesentlich ist dabei, dass der Therapeut beim Stottern ruhig und gelassen bleibt, Blickkontakt hält und keine Verkrampfungen zeigt. Nach dem Vorbild des Therapeuten soll der Patient dieselben Übungen durchführen. Schwierigere Situationen, wie beispielsweise in einem Café beim Kellner stotternd eine Bestellung aufgeben, während Unbeteiligte zuhören, oder Verkaufsgespräche in Anwesenheit von unbeteiligten Fremden sollten erst geübt werden, wenn einfachere Situationen sicher und ohne große Aufregung bewältigt werden. Alle diese Aktivitäten müssen durch Ermutigungen und Ratschläge des Therapeuten verständnisvoll unterstützt werden. Aktivitäten dieser Art sollen gelegentlich auch in späteren Phasen der Therapie fortgeführt werden. Auf diese Weise kann sich der Patient versichern, dass er keine negative Einstellung zum Stottern entwickelt hat. Weiterführende Übungen zur Schulung von Therapeuten und Patienten können unter dem Stichwort „Pseudostottern" dem Buch von Ham (2000) entnommen werden.

Willentliches Stottern bei Fremden

Patient imitiert Vorbild des Therapeuten

4.1.8 Affektkontrolle durch kognitive Umstrukturierung

Im Rahmen kognitiver Psychotherapien (Ellis & Hoellen, 1997) werden die Zusammenhänge zwischen Selbstverbalisationen (oder Kognitionen), Affekten und Verhalten therapeutisch genutzt. Kessler (1981) hat Methoden der rational-emotiven Therapie auf Stottern angewendet. Die folgende Darstellung orientiert sich an seinem Beitrag.

Die Grundgedanken rational-emotiver Therapie sind in dem ABC-Schema des folgenden Kastens zusammengefasst: Emotionale Probleme werden nicht durch konkrete oder antizipierte Ereignisse, sondern durch deren irrationale Bewertungen hervorgerufen. Die objektiven Ereignisse werden mit „A" bezeichnet (englisch: activating events); beispielsweise könnten dies Sprechsituationen sein, in denen der Stotterer erwartet zu stottern (Telefonanruf entgegen nehmen, gerade gekaufte Waren reklamieren, Zeugenvorladung vor Gericht, Bewerbung um eine Stelle). „B" steht für die Überzeugungen und Annahmen (englisch: beliefs), die dieses Ereignis auslöst (z. B. „Ich bekomme bestimmt kein Wort heraus"). Das letzte Element des ABC-Schemas steht schließlich für die Konsequenzen (englisch: consequences), die sich aus den Gedanken und Interpretationen ergeben. Dabei wird angenommen, dass rationale (d. h. an den tatsächlichen Konsequenzen von Handlungen) orientierte Überzeugungen mit erträglichen Emotionen, Enttäuschungen oder Traurigkeit einhergehen. Die emotionalen Auswirkungen von rationalen Kognitionen erlauben sinnvolle Handlungsregulationen. Im Unterschied hierzu rufen irrationale Kognitionen starken Ärger, Wut, Angst oder Selbstverachtung hervor, sodass rationale Lösungen für problematische Situationen sehr schwer oder gar nicht realisiert werden können. Aus diesem Grund zielen therapeutische Maßnahmen auf eine Reduktion der irrationalen Kognitionen.

Irrationale Kognitionen verhindern Problemlösungen

Grundkonzept rational-emotiver Therapie: ABC-Schema

(A) Objektives Ereignis: z. B. Anruf entgegen nehmen, Reklamation vorbringen, etc.
(B) Überzeugungen und Annahmen (Beliefs): „Ich werde stottern", „Die Anderen halten mich für blöd, wenn ich stottere", etc.
(C) Konsequenzen irrationaler Überzeugungen (Consequences): Erschwerung der Handlungsregulation.

Diese Grundgedanken der rational-emotiven Therapie werden dem Patienten am besten im Kontext seiner eigenen irrationalen Überzeugungen vermittelt. Die wesentlichen Maßnahmen zur Feststellung und rationalen Rekonstruktion von Überzeugungen sind in Tabelle 14 (S. 67) zusammengefasst.

Ängste und Befürchtungen vor der Abwertung durch Partner. Charakteristische irrationale Überzeugungen von Stotterern beziehen sich u. a. auf Ängste und Befürchtungen, die mit charakteristischen Überzeugungen über mögliche Partner und mit Selbstabwertungen einhergehen (vgl. Tabelle 14). Erwachsene Stotterer befürchten, dass sie von ihren Gesprächspartnern wegen des Stotterns für „blöd" gehalten, vom Partner nicht als gleichwertig oder als unattraktiv angesehen werden. Ähnliche Ängste verbinden sich aber auch mit dem Schweigen. Schweigen kann durch eine Verkrampfung ausgelöst sein, zur Lösung von Verkrampfungen oder zur Verlangsamung des Sprechens eingesetzt werden. Auch Schweigen kann beim Betroffenen die Befürchtung wecken, der Gesprächspartner würde ihn für einfalls- und ideenlos halten oder in anderer Weise abwerten. Wenn therapeutisch vermittel-

Irrationale Ängste begleiten Stottern und Schweigen

tes langsames Sprechen oder stotter-kontingente Unterbrechungen mit solchen Ängsten assoziiert sind, behindern sie auf diese Weise natürlich gravierend die Übertragung therapeutischer Techniken in den Alltag.

Tabelle 14:
Maßnahmen zur rationalen Rekonstruktion von Kognitionen

Feststellung irrationaler Überzeugungen	– Ängste und Befürchtungen vor der Abwertung durch Partner – Selbstvorwürfe und Selbstabwertungen durch Patienten
Disputation von Überzeugungen über andere Personen	– Konfrontation mit einer Gegenthese über rational erwartbare Handlungsergebnisse – Konfrontation mit dem schlimmsten aller denkbaren Handlungsergebnisse – Differenzierung möglicher Handlungsergebnisse – Ersetzen des Alles-oder-Nichts-Denkens
Disputation von Selbstabwertungen	– Negative Selbstbewertungen durch den Patienten belegen lassen – anstatt positive Bewertungen durch den Partner zu provozieren – Mögliche positive und negative Handlungsergebnisse rational bewerten lassen – anstatt kurzschlüssig die Realisation von Wünschen aufzugeben – Ermutigung zur Realisierung von Wünschen – anstelle des Aufgebens aus Angst vor Misserfolg

Selbstvorwürfe und Abwertungen. Stottern bietet auch Anlass für Selbstvorwürfe und Scham (vgl. Tabelle 14). Diese Gefühle werden vermittelt durch Gedanken, wie „Ich gehe allen auf die Nerven" oder „Das hält ja kein Mensch aus, wenn ich so herumstottere". Zwar kann man durch Schweigen Stottern verhindern, zugleich mindert dies jedoch nachträglich den Selbstwert und weckt Schamgefühle, weil sich der Betroffene nicht so hat darstellen können, wie er das eigentlich wollte.

Irrationale Selbstvorwürfe und Scham wegen Stotterns

In der Therapie sollten dysfunktionale Gedanken und Ansichten aufgedeckt, in ihrer Funktion für das Stottern erläutert und rational rekonstruiert werden. Dieser Prozess beginnt mit der Feststellung irrationaler Annahmen und der Vermittlung des ABC-Schemas. Daran sollte sich je nach individuellen Erfordernissen die Disputation irrationaler Überzeugungen über andere Menschen und von Selbstabwertungen anschließen. Im Folgenden werden diese in Tabelle 14 allgemein dargestellten Maßnahmen näher erläutert. Zunächst soll die Disputation irrationaler Überzeugungen über andere Menschen am Beispiel der Überzeugung erläutert werden, dass Mädchen einem Jungen immer eine Abfuhr erteilen werden, wenn er stottert. Eine solche Überzeugung bewirkt, dass der Jugendliche die Kontaktaufnahme mit Mädchen vermeidet.

Disputation von Überzeugungen über andere Personen. Die rationale Rekonstruktion kann sich dreier Argumentationsstrategien bedienen (vgl. Tabelle 14). Die erste Strategie besteht darin, dass der Jugendliche mit der rationalen Gegenthese konfrontiert wird, dass, wenn er ein Mädchen an-

Konfrontation mit rationaler Gegenthese

spricht, die Wahrscheinlichkeit etwas größer ist, dass es ja sagt, als wenn er schweigt. In einer zweiten Strategie werden die Konsequenzen thematisiert, die schlimmstenfalls zu erwarten sind, wenn der Jugendliche tatsächlich über Monate hinweg nur Absagen von Mädchen erhalten würde. Es wird dem Jugendlichen deutlich gemacht, dass er sich in diesem Fall lediglich erneut auf die Suche machen müsste. Eine dritte Strategie besteht darin, das „Ansprechen von Mädchen" und mögliche Absagen differenzierter sehen zu lernen. Die Frage, ob ein Mädchen mit ins Kino oder ins Konzert gehen mag, ist nicht gleichbedeutend mit der Frage, ob sie mit ihm Sex haben oder ihn heiraten will. Eine Ablehnung eines gemeinsamen Kinobesuchs bedeutet nicht notwendigerweise, dass das Mädchen grundsätzlich nicht mit dem Fragenden ins Kino gehen möchte oder den Fragenden prinzipiell ablehnt. Auch wenn ein Mädchen einem gemeinsamen Kinobesuch zustimmt, macht es damit noch keine Liebeserklärung und bringt auch nicht notwendigerweise eine hohe Wertschätzung für den Partner zum Ausdruck. Zielsetzung dieser dritten Strategie ist es, das Alles-oder-Nichts-Denken durch eine differenziertere Betrachtung zu ersetzen. Erst diese Differenzierung ermöglicht es, die Freundschaft zu einem Mädchen als einen Prozess zu sehen, der mehr oder weniger schnell verlaufen kann. Selbstsicherheitsprogramme, in denen das Werben für gemeinsame Aktivitäten und der Umgang mit möglichen Ablehnungen geübt wird, können hier sinnvoll eingesetzt werden (Hinsch & Pfingsten, 2002).

Disputation von Selbstabwertungen. Selbstabwertungen können unterschiedlich generell sein, indem sie sich auf die eigene Person insgesamt (Versager, Stotterer, Anomaler) oder auf eingeschränktere Verhaltensbereiche („Ich kann nicht diskutieren", „Als Stotterer bin ich einem Nichtstotterer in Diskussionen unterlegen", „Als Stotterer kann ich mich nicht wehren") beziehen. Bei der Disputation von Selbstabwertungen werden jeweils drei Arten von negativen Auswirkungen der Selbstabwertung in Frage gestellt (vgl. Tabelle 14, S. 67). Eine negative Auswirkung von Selbstabwertungen kann darin bestehen, dass der Betroffene von anderen Personen hören möchte, dass er gar nicht so schlecht diskutieren könne, nicht blöd, unfähig oder Ähnliches sei. Selbstabwertungen des Patienten sollten nicht in Zweifel gezogen oder ausgeredet werden. Vielmehr sollte der Betroffene aufgefordert werden, seine Überzeugungen zu belegen. Diese Belege liefern dann Anhaltspunkte, an welchen Stellen der Betroffene unzulässig von Teilbereichen auf die gesamte Person verallgemeinert hat.

Eine andere negative Auswirkung von Selbstabwertungen kann darin bestehen, dass sie erfolglose Versuche beenden, Wünsche in die Tat umzusetzen. Wenn die Absage zum Kinobesuch die Erwartung bestätigt, auf ganzer Linie ein Versager zu sein, dann erübrigen sich weitere Versuche, Mädchen anzusprechen. Eine rationalere Sicht kann gefördert werden, indem die möglichen positiven Auswirkungen des Ansprechens herausgearbeitet und die Konsequenzen einer möglichen Zurückweisung auf ihren rationalen Gehalt reduziert werden. Schließlich können Selbstabwertungen auch dazu führen, dass der Patient die Ansprüche an die eigenen Leistungen reduziert. Künftige Enttäuschungen werden durch reduzierte Ansprüche gemindert. Die Disputation zielt in diesem Fall auf eine Reduktion der Angst vor Misserfolgen und daraus resultierender Scham.

Anspruchsreduktion aus Angst vor Misserfolg

Insgesamt ist es nach Keßler (1981) günstiger, negative Selbstbewertungen zu rekonstruieren, als positive Bewertungsmöglichkeiten vorzugeben. Im Kontext von Stotterbehandlungen unterstützen Techniken der rational-emotiven Therapie die Behandlung von negativen Bewertungen und Einstellungen. Diese Techniken können eine Konfrontationsbehandlung unterstützen und sie können emotionale Hindernisse gegen den Einsatz verlangsamten Sprechens und Sprechpausen im Alltag beseitigen.

4.1.9 Aufrechterhaltung flüssigen Sprechens im Alltag

Dieser Therapieabschnitt verfolgt das Ziel, die erworbene Sprechflüssigkeit und Verminderung emotionaler Belastungen durch das Stottern auch in Alltagssituation umzusetzen. Hierzu ist es erforderlich, dass der Patient selbst Verantwortung für seine Behandlung übernimmt und sich langfristig eigene Ziele setzt („Werde dein eigener Therapeut", s. a. Guitar, 2006). Die Ablösung vom Therapeuten muss schrittweise erfolgen, indem die zeitliche Dichte der Therapiesitzungen von wöchentlichen Treffen auf zunächst einen zwei-, danach vierwöchigen Abstand verringert wird. Für die Zwischenzeiten wird mit dem Patienten verabredet, auf welche Situationen er sich konzentrieren, welches Vermeidungsverhalten er abbauen und welche Maßnah-

Übertragung von Sprechflüssigkeit in Alltagssituationen

Schrittweise Ablösung vom Therapeuten

Tabelle 15:
Maßnahmen zur Aufrechterhaltung von Sprechflüssigkeit im Alltag

Planung selbstkontrollierter therapeutischer Übungen in Alltagssituationen	– Beratung bei der Auswahl kritischer Alltagssituationen. – Klärung der Übungsschwerpunkte: Generelle Verlangsamung und stotter-kontingente Unterbrechung Bewertung des Stotterns Vermeidung. – Auswertung der Übungsergebnisse an Hand von Schwere-Urteilen aus Wochenübersichten (s. Anhang S. 95). – Umgang mit Rückschlägen.
Festlegung langfristiger Therapieziele (s. a. Kap. 4.1.1)	– Vermittlung der Unterscheidung zwischen spontaner und kontrollierter Sprechflüssigkeit sowie akzeptablem Stottern. – Vermittlung des Konzepts situationsspezifischer Sprechflüssigkeit: In verschiedenen Sprechsituationen sind spontan flüssiges Sprechen, kontrolliert flüssiges Sprechen oder akzeptables Stottern langfristig realisierbar.

men er ergreifen soll, um seine Ängste abzubauen. Die therapeutischen Maßnahmen in der Aufrechterhaltungsphase der Therapie sind in Tabelle 15 zusammengestellt und sollen nachfolgend schrittweise erläutert werden.

Auswahl konkreter Übungssituationen

Planung selbstkontollierter therapeutischer Übungen. Die Planung selbstkontrollierter Übungen im Alltag (vgl. Tabelle 15, S. 69) sollte mit der Auswahl von kritischen Alltagssituationen beginnen. Der allgemeine Vorsatz, das Gelernte anzuwenden, ist viel zu unspezifisch. Der Therapeut sollte vielmehr dem Patienten helfen, dass er ganz konkrete Situationen auswählt, in denen er sein Sprechen noch verbesserungsbedürftig findet. Er soll mit dem Patienten überlegen, ob der Patient diese kritischen Situationen vermeidet, ob er beim Sprechen in diesen Situationen übermäßig ängstlich ist, und ob er verlangsamt und entspannt sprechen kann. Wenn irgendeine Schwierigkeit vorliegt, soll der Patient sich selbst Übungen zusammenstellen, durch die er seine Sprechmotorik, seine Einstellungen und Befürchtungen beeinflussen kann.

Wenn die Schwierigkeit darin besteht, dass er in kritischen Situation nicht verlangsamt und entspannt sprechen kann, sollte mit dem Patienten überlegt werden, ob er mehr Übung im generell verlangsamten Sprechen oder in stotter-kontingenten Unterbrechungen benötigt, oder ob negative Gefühle und Verspannungen ihn am Einsatz verlangsamten Sprechens oder präventiver Verlangsamung hindern. Bei übermäßigen Ängsten sollte er sich Übungen zusammenstellen, die die Ängste reduzieren. Der Therapeut kann ihn daran erinnern, dass offenes Sprechen über das Stottern oder willentliches Stottern negative Gefühle reduzieren können.

Übungen zur Verbesserung der Sprechkontrolle und Reduktion der Ängste planen

Es kann gut sein, dass sowohl mangelnde Übung der Sprechhilfe als auch negative Gefühle im Spiel sind. Der Patient sollte die ihm am geeignetsten erscheinende Sprechtechnik (generelle Verlangsamung, stotter-kontingente oder präventive Verlangsamung) einsetzen und Übungen zur Angstreduktion planen. Der Patient sollte in der folgenden Therapiesitzung über die tatsächliche Umsetzung dieser Pläne berichten und daraus Konsequenzen für die Zukunft ziehen. Der Therapeut sollte den Patienten bei diesen Planungs- und Auswertungsschritten beraten und unterstützen und ihn ermuntern, täglich für ihn hilfreiche Übungen auszuführen.

Auswertung von Wochenübersichten

Auswertung der Übungsergebnisse. Es ist von größter Wichtigkeit, dass der Patient seine Alltagserfahrungen auswertet. Eine Wochenübersicht, wie sie im Anhang (vgl. S. 95) dargestellt ist, erleichtert diese Auswertung. Auf dieser Übersicht gibt der Patient für jeden Tag eine Einschätzung der mittleren Schwere des Stotterns und deren Schwankungen. Außerdem sollte an jedem Tag eine besondere Sprechsituation zu Übungszwecken ausgewählt und im Hinblick auf Schwere beurteilt werden. Diese Wochenübersichten sollte der Patient systematisch mit dem Therapeuten auswerten. Der Patient sollte beraten werden, welche Konsequenzen aus den Beobachtungen zu ziehen sind. Eine Zusammenschau der Wochenübersichten dokumentiert sehr anschaulich therapeutische Fortschritte, Stillstände oder auch Rückschritte. Veränderungen müssen sich nicht notwendigerweise nur in der mittleren täglichen Schwere des Stotterns niederschlagen. Auch Veränderungen in der Schwere des Stotterns in den besten und schlechtesten täglichen Sprechsituationen sind aufschlussreich. Sofern die Schwere-Urteile über mehr als sechs Wochen keine Veränderungen zeigen, sollten Therapeuten und Patienten ihren Therapieplan überprüfen. In der Aufrechterhaltungsphase gehört zu dieser Überprüfung auch die Überprüfung der langfristigen Therapieziele (s. u.).

Umgang mit Rückschlägen. Rückschläge kommen in der Aufrechterhaltungsphase häufig vor. In den meisten Fällen entstehen Rückschläge, wenn sich Patienten zu schnell, zu viel und zu Schwieriges vornehmen. Lernprozesse benötigen Zeit. Erst nach Ablauf von mehreren Monaten intensiver Übung kann man erwarten, dass ein neues Verhalten soweit zur Gewohnheit geworden ist, dass die Ausführung des Verhaltens nur noch wenig Aufmerksamkeit benötigt. Entsprechend belastend kann es sein, verlangsamtes Sprechen bereits nach geringer Übung in besonders bedeutsamen Gesprächen zu realisieren. Gerade in wichtigen Alltagsgesprächen (Gespräch mit dem Chef, Vorstellungsgespräch, mündliche Prüfung, etc.) kann es sinnvoll sein, dass sich die Betroffenen nicht noch zusätzlich mit Selbstkontrollmaßnahmen belasten. Es kann sehr entlastend sein, sich in diesen Situationen ganz bewusst das Stottern zu „erlauben". **In wichtigen Gesprächen darf man sich das Stottern erlauben**

Eine weitere Ursache für Rückschläge in „wichtigen" Gesprächssituationen liegt darin, dass das Stottern in solchen Situationen besonders aversiv ist. Dies kann dazu führen, dass bereits geringfügige Sprechunflüssigkeiten starke emotionale Erregung, Verkrampfungen und vermehrtes Stottern (eskalierende Seite des Teufelskreises, Abbildung 2) hervorrufen. In diesem Fall kann das Ausmaß emotionaler Erregung durch Konfrontation und Aufweis dysfunktionaler Überzeugungen reduziert werden. Gerade für die „besonders schwierigen und wichtigen" Alltagssituationen sollten Betroffene eine längerfristige Perspektive einnehmen und schrittweise Verbesserungen in Gang setzen können. **Längerfristige Verbesserungen in wichtigen Gesprächssituationen anstreben**

Festlegung langfristiger Therapieziele. Stillstände in der Therapie, die länger als 6 Wochen anhalten, sollten auch Anlass sein, längerfristige Therapieziele zu überdenken (vgl. Tabelle 15, S. 69). Sofern die Schwere-Urteile der Wochenübersichten über einen längeren Zeitraum keine Verbesserungen zeigen, sollte auch überprüft werden, welches Therapieziel für diesen Patienten realistisch erreichbar ist. Unrealistisch hohe Zielsetzungen können zu Rückschlägen und Enttäuschung führen.

Bleiben therapeutische Fortschritte über längere Zeit aus, sollte der Therapeut an das bereits in der Beratung eingeführte Konzept „situationsspezifischer Sprechflüssigkeit" und die Unterscheidungen zwischen spontaner und kontrollierter Sprechflüssigkeit sowie akzeptablem Stottern erinnern **Situationsspezifische Sprechflüssigkeit**

(s. Kap. 4.1.1). Auf dem Hintergrund der Beobachtungen aus den Wochenübersichten sollte mit dem Patienten besprochen werden, ob die Zielsetzung „spontan flüssig zu sprechen" in allen Situationen gleichermaßen *zum gegenwärtigen Zeitpunkt und beim gegenwärtigen Übungsstand* realistisch ist. Sofern die Auswertung der Schwere-Urteile zeigt, dass dieses Ziel über einen längeren Zeitraum hinweg in bestimmten Situation nicht erreicht wurde, sollte der Patient darauf vorbereitet werden, dass dieses Ziel in dieser Situation offenbar kurzfristig nicht erreichbar ist. Selbstverständlich muss es der Entscheidung der Betroffenen überlassen bleiben, wieviel Aufwand und Energie sie in Ziele stecken wollen. Keinesfalls darf der Therapeut seinen Patienten entmutigen. Aber er sollte seine Erfahrungen nutzen, und ihn darauf vorbereiten, dass eine Unterhaltung beispielsweise mit dem Chef gegenwärtig nicht ohne gelegentliches leichtes Stottern möglich ist. Langfristig könnte sich das Sprechen auch in dieser Situation verbessern, wenn er in dieser Situation zunächst daran arbeitet, akzeptabel und ohne Kraftanstrengungen zu stottern. Die Beratung des Therapeuten muss verhindern, dass aus der Enttäuschung über den Stillstand in dieser einen Situation Rückschritte in anderen Situationen werden. Dies kann der Therapeut verhindern, indem er an Fortschritte in anderen Situationen erinnert. Die Besinnung auf das Erreichte und auf die Maßnahmen, die diese Fortschritte gebracht haben, kann der Betroffene leichter akzeptieren, dass er in dieser schwierigen Sprechsituation mit dem Chef *zum gegenwärtigen Zeitpunkt* nur akzeptabel stottern oder kontrolliert sprechen, nicht aber spontan flüssig sprechen kann. Dies muss nicht immer und für sein gesamtes weiteres Leben so bleiben. Aber zum gegenwärtigen Zeitpunkt muss er sich damit abfinden und kann nur durch beharrliche Übung weiter versuchen, sein Sprechen auch in dieser kritischen Situation verbessern.

Idealerweise ist das Ende einer Therapie erreicht, wenn der Betroffene über die Fertigkeiten verfügt, flüssig zu sprechen, keine Vermeidung mehr zeigt, und gelegentlich vorkommende Sprechunflüssigkeiten kein Anlass mehr für Verspannungen, Vermeidung und Selbstabwertung sind. Der Betroffene sollte sich zutrauen, dass er auch mit Rückschlägen umgehen kann. Die Ablösung vom Therapeuten und der Therapie ist jedoch kein unumkehrbarer Schritt. Bei etwaigen Schwierigkeiten oder Rückfällen sollte der Patient ermuntert werden, wieder Kontakt mit dem Therapeuten aufzunehmen. Umgekehrt kann sich der Therapeut in telefonischen Nachfragen über den weiteren Verlauf nach Therapieende informieren und gegebenenfalls Hilfe anbieten.

4.1.10 Therapiedurchführung

Das hier vorgestellte Programm schreibt keine starre Form der Durchführung vor, aber die Übungsvorschläge sind auf Einzelbehandlungen zugeschnitten. Der Vorteil von Einzelbehandlungen besteht darin, dass ein systematisches auf den Einzelfall zugeschnittenes Programm verfolgt werden kann. Das vorliegende Programm muss nicht in wöchentlichen Sitzungen durchgeführt werden. Vielmehr können Häufigkeit und Dauer der Sitzungen so eingeteilt werden, dass sie für das jeweilige Lernziel optimal sind. Wenn beispielsweise vor der Übertragung von Sprechtechniken in Alltagssituationen Rollenspiele durchgeführt werden oder der Therapeut Invivo-Übungen des Patienten begleiten will, können Doppelsitzungen sehr sinnvoll sein. Nachdem die Übertragung einer Technik in Alltagssituationen begonnen wurde, benötigen Patienten in der Aufrechterhaltungsphase u. U. etwas mehr Zeit, um Erfahrungen mit der Anwendung der Technik zu sammeln. Treffen in zwei- bis vierwöchigem Rhythmus können zu diesem Zeitpunkt sinnvoller sein als wöchentliche Treffen.

Flexible Gestaltung von Häufigkeit und Dauer der Therapiesitzungen

4.2 Wirkungsweise der Methoden

Die Wirkprinzipien der hier vorgestellten therapeutischen Prozeduren können nur teilweise als geklärt gelten. Im Wesentlichen werden motorische Lernprozesse, Entlastung der Sprechplanung, De-Eskalationen durch bewusste Kontrolle und verringerte emotionale Bewertungen, sowie die Prinzipien operanter Konditionierung und Dekonditionierung zur Erklärung der therapeutischen Wirkungen herangezogen. In Tabelle 16 sind die wichtigsten Wirkprinzipien zusammengestellt, die hinter den hier vorgeschlagenen Behandlungsbausteinen angenommen werden.

Tabelle 16:
Wirkprinzipien der hier dargestellten Therapiebausteine

Wirkprinzipien bei generell verlangsamtem Sprechen	– Erlernen neuer Sprechbewegungsmuster, die mit Stottern inkompatibel sind. – Verlängerung der Phonationsdauer. – Kognitive Entlastung und Minderung der Quellen für Interferenzen.
Wirkprinzipien bei stotter-kontingenter Verlangsamung	– Bestrafung unflüssigen Sprechens durch Unterbrechung. – Belohnung von Sprechbewegungen, die mit Stottern inkompatibel sind.
Wirkprinzipien von Konfrontation mit Stottern und kognitiver Umstrukturierung	– Kognitive Neubewertung von Stottern und Kommunikationssituationen. – ABC-Schema (s. Kap. 4.1.8).

Wirkprinzipien generell verlangsamten Sprechens. Die therapeutische Verlangsamung des Sprechens und die Erhöhung der Atemtiefe unter Einschluss der Bauchatmung bewirken, dass neue Sprechbewegungen und Koordinationsmuster von den Patienten erlernt werden, die inkompatibel

Mit Stottern inkompatible Sprechmuster

mit Stottern sind. Allerdings zeigen Untersuchungen von Ingham und seinen Mitarbeiterinnen (Godinho, Ingham, Davidow & Cotton, 2006; R. J. Ingham et al., 2001), dass nicht notwendigerweise die Verlangsamung von Sprechbewegungen allgemein, sondern speziell die Zunahme von Intervallen mit länger dauernder Phonation die eigentliche Ursache für die therapeutische Wirkung verlangsamten Sprechens darstellen könnte. Verlangsamtes Sprechen erleichtert auch die kognitiven Sprechplanungsvorgänge und mindert die möglichen Interferenzen zwischen verschiedenen Planungsvorgängen und zwischen Planung und motorischer Ausführung (s. a. Kap. 2.4).

Kognitive Entlastung und Verminderung von Interferenzen

Wirkprinzipien stotter-kontingenter Verlangsamung des Sprechens. Zur Erklärung der Wirkung von stotter-kontingenten Verfahren werden über sprechmotorische und kognitive Veränderungen hinaus (s. o.) die Prinzipien operanter Konditionierung, der Gegen- und Dekonditionierung herangezogen (s. a. Prins & Hubbard, 1988). Bei stotternden Sprechern folgt normalerweise auf jede gestotterte Silbe zumindest kurzfristig flüssiges Sprechen. Das Weitersprechen-Können, das normalerweise unmittelbar auf ein Stotterereignis folgt, wird vom Sprecher positiv bewertet und wirkt damit im verhaltenstheoretischen Sinne als eine Belohnung für das Stottern. Stotter-kontingente Unterbrechung des Sprechens (Time-out, vgl. Kasten S. 57) nimmt diese Belohnung weg und ersetzt sie durch eine Pause. Damit wirkt die Unterbrechung verhaltenstheoretisch als Strafe. Obwohl Unterbrechungen bei den meisten Betroffenen die Sprechflüssigkeit erhöhen (James, 1983; James, Ricciardelli, Rogers & Hunter, 1989), sind die Ursachen für diese Wirkungen letztlich nicht geklärt (Prins & Hubbard, 1988; Siegel, 1999).

Stotterkontingente Unterbrechung wirkt als Bestrafung

In stotter-kontingenten Unterbrechungen können jedoch über die Strafwirkung hinaus noch weitere Prinzipien identifiziert werden. Das auf die Unterbrechung folgende verlangsamte Nachsprechen des vorher gestotterten Wortes dient dem Erwerb und der Festigung von flüssigen sprechmotorischen Verhaltensmustern. Die Pause ist eine Gelegenheit zur Entspannung der Sprechmotorik und stellt ebenso wie das nachfolgende verlangsamte Nachsprechen ein mit Stottern inkompatibles Verhaltensmuster dar. Das nachfolgende flüssige Sprechen wirkt belohnend auf die unmittelbar vorausgehenden Verhaltensweisen (Pause, Entspannung, verlangsamtes Nachsprechen).

Belohnung durch flüssiges Sprechen

Wirkprinzipien von Konfrontation mit Stottern und kognitiver Umstrukturierung. Konfrontation mit dem Stottern bewirkt, dass die auf das Stottern konditionierten Ängste und Befürchtungen nicht eintreten. Einfrieren und willentliches Stottern geben Gelegenheit, neue Verhaltensweisen und Bewertungen mit Stottern zu assoziieren. Befürchtungen und Ängste werden unter diesen Bedingungen schwächer und weniger verhaltenswirksam. Der sachliche Umgang mit dem eigenen Stottern ermöglicht neue Konditio-

Assoziation neuer Verhaltensweisen und Bewertungen mit Stottern

nierungen und schwächt die ursprünglich assoziierten Angstgefühle. Die Wirkung kognitiver Umstrukturierungen lässt sich mit dem ABC-Schema illustrieren (s. Kap. 4.1.8).

Zuletzt sollen noch die Fähigkeiten zur Selbstbewertung, Selbstmanagement und Übernahme von Eigenverantwortung durch den Patienten angesprochen werden. Therapeutische Wirkungen lassen sich längerfristig nur erreichen, wenn die Patienten befähigt wurden, diese Aufgaben langfristig für sich wahrzunehmen (R.J. Ingham, 1982). Die Beurteilung des eigenen Sprechens und die tägliche Kontrolle der Sprechqualität sind ganz wesentliche Hilfen dabei (vgl. Kap. 4.1.9).

4.3 Effektivität und Prognose

Neuere Diskussionen um evidenzbasierte Behandlungen des Stotterns haben die Frage aufgeworfen, ob in der Praxis ausschließlich empirisch nachgewiesene Verfahren angewendet werden sollten (J.C. Ingham, 2003). Auf der anderen Seite wird argumentiert (Bernstein Ratner, 2005), dass die hinter den Behandlungen stehenden allgemeineren, empirisch nachgewiesenen Änderungsprinzipien Grundlage therapeutischen Handelns sein sollten (Rosen & Davison, 2003). Solche *Änderungsprinzipien* müssen flexibel an andere Patienten, an andere institutionelle oder kulturelle Kontexte angepasst werden. Die Freiheit zum flexiblen Einsatz therapeutischer Prozeduren erfordert allerdings, dass in der therapeutischen Praxis Daten erhoben werden, die die Wirksamkeit der Maßnahmen im Einzelfall belegen. Hierzu sollten das Sprechverhalten und die Stotterhäufigkeiten im Verlauf der Therapie dokumentiert werden (vgl. Anhang „Zählbogen", „Einschätzung der Schwere des Stotterns" und „Wochenübersicht", S. 93 bis S. 95).

Wirksamkeitsnachweis für Therapie im Einzelfall

Patienten verfolgen nahezu ausnahmslos in der Therapie das Ziel, stotterfrei sprechen zu können. Selbstverständlich sollten Stottertherapien darüber hinaus noch weitere Ziele verfolgen, wie den Abbau von Vermeidungsverhalten, die Verringerung von Einschränkungen durch das Stottern, Abbau von Ängsten und Selbstabwertung, Steigerung der Selbstsicherheit, etc. Dennoch beschränkt sich die vorliegende Darstellung auf die Wirkungsnachweise für flüssig und natürlich klingendes Sprechen.

Zusammenfassende Wirkungsnachweise für verlangsamtes Sprechen lassen sich u.a. der Meta-Analyse von Andrews et al. (1980), den Übersichten von Bloodstein (1995), Cordes und Ingham (1998) und St. Louis (1987), sowie den experimentellen Überprüfungen von Andrews (1982) entnehmen. Wirksamkeitsnachweise für stotter-kontingente Verlangsamung haben James, Ricciardelli, Rogers und Hunter (1989) und die Wirkungen von stotter-kontingenter kontrollierter Atmung Woods, Twohig, Fuqua und Hanley (2000) zusammenfassend dargestellt. Auf diesem Hintergrund sollen hier exemplarisch einzelne Studien dargestellt werden.

In Deutschland sind in neuerer Zeit drei Wirksamkeitsstudien publiziert worden (Baumeister, Caspar & Herziger, 2003; Euler & von Gudenberg, 2000; Herziger, 2003; Renner, 1995). Wegen fehlerhaft berechneter und vermutlich viel zu hoher Effektstärken wird das therapeutische Sommercamp für Kinder und Jugendliche (Baumeister et al., 2003; Herziger, 2003) nicht weiter besprochen.

Kasseler Stottertherapie (KST)

Die Kasseler Stottertherapie (KST) ist eine dreiwöchige, ganztägige computergestützte Biofeedbacktherapie für Erwachsene (Euler & von Gudenberg, 2000; s. a. Kap. 4.4). Einer der Kernbestandteile der KST ist die Verlangsamung des Sprechens, die zusammen mit tiefer entspannter Zwerchfellatmung und weichem Stimmeinsatz sowohl mit Rückmeldungen vom Computer als auch in Gruppengesprächen mit steigenden Sprechanforderungen geübt werden. Außerdem sind auch die Konfrontation mit dem eigenen Stottern, der Abbau von Vermeidungsverhalten und die Übertragung der erlernten Sprechweise in den Alltag Bestandteile des Therapieprogramms. Der mittlere Prozentsatz unflüssig gesprochener Silben wurde von 12% vor Therapiebeginn auf 3% ein und zwei Jahre nach Beendigung verringert (jeweils in vier verschiedenen Sprechsituationen erhoben). Diesen Veränderungen der Sprechflüssigkeit entsprechen Effektstärken von 1,1 (n=31) und 1,4 (n=21) und eine prozentuale Reduktion des Stotterns um 75%. Diese Effektstärken liegen etwas über denen anderer Intensivprogramme (Boberg & Kully, 1994; s. a. Kully & Langevin, 1999; Langevin & Kully, 2003), in denen vergleichbare Therapiebausteine (verlangsamtes Sprechen mit weichem Stimmeinsatz, weichen Lautübergängen und weichen Atembewegungen, Schulung im Umgang mit gelegentlichem Stottern und damit zusammenhängenden Emotionen und Verringerung von Vermeidungsverhalten), aber kein computergestütztes Biofeedback angewendet werden. Boberg und Kully (1994; Jehle, 1994; s. a. Jehle & Boberg, 1987) haben ein und zwei Jahre nach Therapieende Effektstärken von 1,06 (n=31) und 1,05 (n=15) sowie prozentuale Reduktionen der Sprechunflüssigkeiten um 71% (eigene Berechnungen) gefunden. Es gibt bisher keine systematischen Untersuchungen über die Wirksamkeit computergestützten Biofeedbacks. Effektstärken weisen erhebliche Zufallsschwankungen auf. Deshalb können die Differenzen in den Effektstärken der Programme mit und ohne computer-gestütztes Biofeedback durchaus im Bereich zufälliger Schwankungen liegen.

Effektstärke von 1,4 zwei Jahre nach Therapie-Ende (Euler & von Gudenberg, 2000)

Effektstärke von 1.05 zwei Jahre nach Therapie-Ende (Boberg & Kully, 1994)

Renner hat für acht Stotterer (16 bis 32 Jahre) die Auswirkungen eines stationären Behandlungsprogramms auf Sprechflüssigkeit und verschiedene Selbsteinschätzungen bis zu 26 Monate nach Therapieende dokumentiert

(1995). Das Therapieprogramm besteht im Wesentlichen aus Übungen zur Verlangsamung des Sprechens, weichem Stimmeinsatz und Veränderungen der Atmung. Für die Reduktion der Stotterrate im freien Gespräch kann eine Effektstärke von 0,75 und eine prozentuale Reduktion um 36 % (eigene Berechnungen) ermittelt werden.

Effektstärke von 0,75 ca. zwei Jahre nach Therapie-Ende (Renner, 1995)

In einem Therapie-Experiment mit 20 erwachsenen Stotterern haben James, Ricciardelli, Rogers und Hunter (1989) ein 32-stündiges Training zum verlangsamten Sprechen durchgeführt. Sie konnten zeigen, dass sechs Monate nach diesem Training vom Therapeuten signalisierte stotter-kontingente Unterbrechungen die Sprechflüssigkeit deutlich erhöhen. Die für die Gesamtgruppe berechneten Effektstärken nach 6 Monaten verbessern sich von 1,26 ohne Unterbrechungen auf 1,74 mit stotter-kontingenten Unterbrechungen (eigene Berechnungen). Stotter-kontingente Unterbrechungen können offenbar die Sprechflüssigkeit noch weiter verbessern, wenn bereits eine hohe Sprechflüssigkeit durch verlangsamtes Sprechen erreicht wurde.

Therapie-Experiment von James et al. (1981)

Stotter-kontingente Unterbrechungen können die Wirkungen verlangsamten Sprechens verbessern

Eine experimentelle Therapiestudie von Moleski und Tosi (1976) hat gezeigt, dass acht Sitzungen rational-emotiver Therapie sowohl das Stotterverhalten als auch die Angst und negative Einstellungen positiv beeinflussen. Aus methodischen Gründen hat Atkinson (1983) bezweifelt, dass Moleski und Tosi die von ihnen behauptete größere Wirksamkeit rational-emotiver Therapie im Vergleich mit systematischer Desensibilisierung tatsächlich nachgewiesen haben. Diese Kritik betrifft jedoch nicht den Wirksamkeitsnachweise von RET im Vergleich mit einer unbehandelten Kontrollgruppe. Effektstärken können nicht berechnet werden.

Wirkung rational-emotiver Therapie auf Stottern

Die von Azrin und Nunn vorgestellte Schulung regulierter Atmung (regulated breathing) (1974; für eine deutschsprachige Darstellung, s. Hebborn-Brass, 1986) besteht aus einem Identifikationstraining (weitgehend identisch mit den hier in Kap. 4.1.3 vorgestellten Prozeduren), einem Entspannungstraining, dem Training von unvereinbaren Reaktion (weitgehend identisch mit stotter-kontingenten Unterbrechen, Ausatmen, Einatmen und Weitersprechen, s. Kap. 4.1.6), einem Motivationstraining (bei dem Angehörige und Bekannte den Betroffenen für erfolgreiche Anwendungen unvereinbarer Reaktionen loben) und einem Generalisationstraining (bei dem der Patient imaginativ mit Stottern unvereinbare Reaktionen in neuen Situationen trainiert). Die bisher veröffentlichten Daten erlauben zwar keine Berechnung von Effektstärken, aber Woods et al. (2000) haben die durch das Therapieprogramm bewirkten prozentualen Veränderungen der Stotterraten ermittelt. Sie betragen im Durchschnitt über 16 Studien 70 % am Therapieende und 68 % nach durchschnittlich vier Monaten nach Therapieende. Bemerkenswert sind diese Reduktionen deshalb, weil sie mit Behandlungszeiten von durchschnittlich acht Stunden erreicht wurden, was

Schulung regulierter Atmung nach Azrin und Nunn (1974)

Deutliche Reduktion der Stotterrate vier Monate nach Therapieende

Bemerkenswert kurze Behandlungszeit

nur ein Bruchteil der Behandlungszeiten der anderen Programme ist. Trotz dieser ermutigenden Therapieeffekte soll noch einmal nachdrücklich darauf hingewiesen werden, dass dauerhafte Effekte sich nur einstellen, wenn die Patienten darauf vorbereitet sind, selbst geeignete Maßnahmen zur Aufrechterhaltung ihrer Sprechflüssigkeit zu ergreifen. Die hierfür erforderlichen Fertigkeiten und Kenntnisse müssen vermittelt und die Patienten müssen zum Einsatz dieser Fertigkeiten motiviert werden (s. Kap. 4.1.9).

4.4 Varianten der Methode und Kombinationen

Die folgende Tabelle 17 benennt alternative Vorgehensweisen bei der Vermittlung verlangsamten Sprechens (Kap. 4.1.4), der Annäherung verlangsamten Sprechens an normale Sprache (Kap. 4.1.5) und der Therapieorganisation. Diese Varianten werden zunächst besprochen und danach soll noch kurz auf die Behandlung von Kindern eingegangen werden.

Tabelle 17:
Alternative Vorgehensweisen

Vermittlung verlangsamten Sprechens und Annäherung an natürliches flüssiges Sprechen	– Computer-gestützte Rückmeldungen über verlangsamte Sprechgesten (Euler & von Guddenberg, 2000). – Camperdown-Programm (O'Brian et al., 2003).
Therapiedurchführung	– Gruppen- vs. Einzeltherapie. – Wöchentliche Sitzungen vs. Intensivtherapie.

Computergestützte Rückmeldungen. Die Kasseler Stottertherapie von Euler und von Guddenberg (2000) vermittelt verlangsamtes Sprechen, mit programmierter Unterweisung und computer-gestütztem Biofeedback über Atembewegungen und Parametern der Sprachlaute (weitere Informationen, s. Kap. 4.3). Das Programm wird als Intensivprogramm in Gruppensitzungen durchgeführt. Der Vorteil dieses Programms besteht darin, dass die effektiv nutzbare Übungszeit durch das Computerprogramm nicht auf die Therapiesitzungen begrenzt ist.

Camperdown Programm. Das Camperdown Programm (O'Brian et al., 2003) besteht aus vier Teilen: In drei bis fünf individuellen Übungssitzungen erlernt der Patient verlangsamtes Sprechen, indem er das Vorbild des Therapeuten imitiert. An einem Gruppen-Übungstag wird diese Fertigkeit in Anwesenheit von weiteren Patienten und mehreren Therapeuten weiter geübt und in zunehmend schwierigeren Situationen möglichst natürlich klingendes verlangsamtes Sprechen ausgeführt. Der Patient bewertet sein

Sprechen jeweils im Hinblick auf die Schwere des Stotterns und die Sprechnatürlichkeit. In wöchentlichen individuellen Problemlöse-Sitzungen werden mögliche Schwierigkeiten bei der Übertragung des Gelernten in den Alltag mit einem Therapeuten besprochen und Lösungen für dieser Schwierigkeiten entwickelt. In der abschließenden Aufrechterhaltungsphase werden individuelle Therapiesitzungen in zunehmend größeren Abständen vereinbart. Ein Vorteil des Programms besteht darin, dass es im Durchschnitt lediglich 20 Sitzungen benötigt. Zu Therapiebeginn betrug die mittlere Stotterrate 7,9 % gestotterte Silben und 12 Monate nach Therapieende 0,4 %, was einer Effektstärke von 0,9 entspricht (eigene Berechnung). Eine Schwierigkeit bei der Durchführung des Programms kann darin bestehen, dass am Gruppen-Übungstag mehrere Therapeuten benötigt werden. Die Ausfallquote lag bei 14 von 30 Teilnehmern. Diese Quote ist bedenklich hoch und könnte ein Hinweis darauf sein, dass einige Patienten kaum oder wenig von dem Programm profitiert haben.

Therapieprogramm für Kinder. Das vorliegende Programm ist für erwachsene Stotterer konzipiert. Die dabei verwendeten therapeutischen Prinzipien sind auch bei Schulkindern im Alter zwischen 6 und 13 Jahren anwendbar. Allerdings müssen die Behandlungsbausteine für diese Zielgruppe adaptiert werden. Generell verlangsamtes Sprechen setzt Guitar (2006) so ein, dass es den Kindern emotional positive Sprecherfahrungen ermöglicht. Stotter-kontingente Verlangsamungen kommen hinzu, damit sie restliche Sprechunflüssigkeiten kontrollieren können. Emotionale Desensitivierung und die Verringerung von Vermeidung sind ebenfalls auf kindgemäße Weise Bestandteile des Programms von Guitar. Eltern, Lehrer und andere Bezugspersonen werden in die Therapie einbezogen und es müssen spezielle Maßnahmen gegen das Hänseln durch andere Kinder ergriffen werden.

In Stottertherapien für Vorschulkinder führen in der Regel die Eltern die therapeutischen Prozesse durch. Wirkungsnachweise liegen von dem Lidcombe Programm (Onslow, Packman & Harrison, 2003) und von dem Programm von Starkweather, Gottwald und Halfond (Gottwald & Starkweather, 1999; Starkweather, Gottwald & Halfond, 1990) vor. In dem Lidcombe Programm werden die Eltern geschult, flüssiges Sprechen ihrer Kinder zu belohnen und Sprechunflüssigkeiten auf sachliche Weise zu kommentieren und zu korrigieren. In dem Programm von Starkweather und seinen Mitarbeiterinnen werden dagegen die Eltern darin geschult, vorteilhafte Kommunikationsbedingungen für ihre Kinder zu schaffen, die das Auftreten von Stotterereignissen unwahrscheinlich machen. Genauere Darstellungen dieser Programme sind in Vorbereitung (Bosshardt, in Vorb.).

5 Fallbeispiel

Stottern und Panikattacken

Monologe: 15 % der Worte gestottert, Mitbewegungen und Vermeidung

Die Patientin war bei Therapiebeginn 47 Jahre alt, und beschrieb ihre Familiensituation mit ihrem Mann und zwei Töchtern im Alter von 14 und 18 Jahren als sehr zufriedenstellend. Sie litt unter einer Stottersymptomatik und wiederkehrenden Panikattacken. Die Stottersymptome bestanden aus bis zu 5 Sekunden dauernden tonischen Verkrampfungen, die in der diagnostischen Situation etwa einmal in 10 Minuten auftraten. Klonische Laut- und Silbenwiederholungen traten beim monologischen Sprechen bei 15 % der Worte auf und waren von Mitbewegungen im Gesicht und Hals und von rhythmischen Bewegungen der Hände begleitet. Wegen ihres Stotterns befand sich die Patientin in einem ständigen Konflikt zwischen der Vermeidung von Kommunikationssituationen einerseits und dem Sprechen andererseits. Sie vermied eine Vielzahl von Kommunikationssituationen und fühlte sich häufig niedergeschlagen von den Misserfolgen beim Sprechen. Obwohl sie häufig etwas sagen wollte, hat sie sich meist auf das Notwendigste beschränkt – wenn sie nicht völlig geschwiegen hat. Sie hat sich wegen ihrer geringen sprachlichen Ausdrucksmöglichkeiten sehr geschämt. Die Patientin war zeitweilig verzweifelt, weil sie nach eigenem Bericht in Familie, im Beruf und im Bekanntenkreis sehr schlecht gesprochen hat.

Behandlung der Panikattacken vor dem Stottern

Erfolgreiche Behandlung der Panikattacken nach 24 Therapiesitzungen

Nach zwei probatorischen Sitzungen wurde mit der Patientin entschieden, dass die Panikattacken vor dem Stottern behandelt werden sollten. Obwohl die Patientin ursprünglich die umgekehrte Reihenfolge präferierte, hat sie sich mit diesem Vorschlag einverstanden erklärt. Die Panikattacken wurden erfolgreich in 24 Sitzungen behandelt. Im Anschluss an diesen ersten Behandlungsteil berichtete die Patientin, dass sie Gefühle der Angst und Beunruhigung bewältigen und das Auftreten von Panikanfällen erfolgreich verhindern könne; agoraphobische Vermeidung komme ebenfalls nicht mehr vor. Auch drei Jahre nach Abschluss dieses Behandlungsteils berichtete sie, dass Panikattacken weiterhin kein Problem für sie darstellten. Der SCL-90 war sowohl in den Gesamtwerten (GSI = 0,4; PR = 60; PST = 34; PR = 70) als auch auf allen Subskalen unauffällig.

Beginn der Stottertherapie mit Zeitlupensprechen

Die Stotterbehandlung wurde mit der Vermittlung des Zeitlupensprechens begonnen. Die Patientin war danach ohne ausführlicheres weiteres Training in der Lage, fünf Minuten stotterfrei laut zu lesen. Sie hat dabei ihr Sprechen selbst kontrolliert, indem sie auf regelmäßige, tiefe Atmung und weich intonierte Stimmführung achtete. Ihre Artikulationsgeschwindigkeit war dabei nur unwesentlich verlangsamt und sie konnte auf natürlich klingende Weise stotterfrei über fünf Minuten lesen. Beim frei formulierten Berichten des vorher Gelesenen betrugen die Stotterraten zwischen 4 % und 6 % der Worte. Bei Berichten über emotional belastende Themen hat sie 19 % und 20 % der Worte gestottert. Nachdem das Lesen so erfolgreich war, wurde es mit verteilten Rollen zwischen Patientin und Therapeut fortgesetzt. Nachdem auch das Lesen mit verteilten Rollen ohne Stottern möglich war, wurde es in Anwesenheit von Dritten fortgesetzt. Nach der 10. Sitzung wurden keine Leseübungen mehr durchgeführt, weil sie in diesen Übungen über fünf Minuten regelmäßig stotterfrei blieb und ganz natürlich sprach. Die Patientin wurde ermuntert, auch in der Familie (hauptsächlich mit ihren Töchtern) Texte auf kontrollierte Weise laut vorzulesen und darüber zu sprechen. Bei fortgeschrittener Therapie hat sie auch in größerem Zuhörerkreis von ca. 50 Personen Texte zu ihrer eigenen großen Zufriedenheit laut vorgelesen. In den Therapiestunden hat der Therapeut eine Liste gestotterter Worte erstellt. Diese Worte sollte die Patientin gegen Ende jeder Stunde in Zeitlupe zunächst isoliert und danach in einem jeweils neu von der Patientin generierten Satzkontext nachsprechen. Auch ohne Zeitlupe konnte sie die im Monolog gestotterten Worte sowohl isoliert wie auch im Satzkontext fast ausnahmslos fehlerfrei sprechen.

Lesen mit verteilten Rollen und in Anwesenheit Dritter

Zeitlupensprechen von gestotterten Worten

Ab der achten Sitzung wurde stotter-kontingente Unterbrechung zunächst beim Lesen und danach beim monologischen Sprechen eingeführt. Beim Auftreten von Stottern sollte die Patientin das Wort zu Ende stottern, danach eine Pause von 1 bis 2 Sek. einlegen, ausatmen, einatmen und das kritische Wort verlangsamt sprechen. Im Anschluss an diese Unterbrechung sollte sie auf beliebige Weise weitersprechen. Stotterereignisse hat zunächst der Therapeut signalisiert, später hat die Patientin dies selbst übernommen. Bereits nach vier weiteren Sitzungen wurde durch stotter-kontingente Unterbrechungen die Stotterrate in Monologen in der Therapiesituation auf 0 % bis 3 % reduziert. Selbstkontrolle gelang ihr zu ihrer eigenen Zufriedenheit nur in einigen familiären Gesprächssituationen und in informellen Gesprächen mit Kolleginnen und Kollegen. Zugleich berichtete sie, dass ihr diese Art von Kontrolle bei wichtigen Gesprächen mit dem Chef nicht gelinge. Eine genauere Analyse ergab, dass das Gefühl, sofort reagieren zu müssen, ein wichtiger Auslöser für das Stottern war.

Stotter-kontingente Unterbrechung und Verlangsamung

Nach der 30. Sitzung konzentrierte sich die Therapie auf die Automatisierung der Selbstkontrolle (ein- und ausatmen, verlangsamtes Sprechen des gestotterten Wortes), und auf die Umstrukturierung der dysfunktionalen Katastrophisierungen und Selbstabwertungen. Der Teufelskreis zwischen dem Ärger über ihr Stottern, dem damit zusammenhängenden Selbstvorwurf, unzumutbar viel Zeit beim Sprechen zu benötigen, dem Auftreten von Verspannungen, Stottern und Vermeiden von Sprechen wurde an Beispielen alltäglicher Gesprächssituationen in der Familie, im Freundeskreis, bei Besprechungen mit Bekannten und im Beruf durchgesprochen. Es wurde eine Hierarchie solcher Situationen aufgestellt und in Rollenspielen wurde der Einsatz rationaler Kognitionen durchgespielt. In den Rollenspielen wurde auch darauf geachtet, dass zwischen den Sprecherwechseln 1 bis 2 Sek. Zeit verging. Anstelle verlangsamter Artikulationsgeschwin-

Kognitive Umstrukturierung

Entwicklung alternativer Kognitionen

digkeit hat die Patientin es vorgezogen, vermehrt Pausen beim Sprechen zu machen. Dies hat ihr geholfen, auf natürliche Weise stotterfrei zu sprechen.

Ratings der Schwere des Stotterns

Die Patientin hat täglich die mittlere Schwere ihres Stotterns und die Schwere der besten und schlechtesten Sprechsituation auf einer 11-stufigen Skala (0 bis 10) eingeschätzt. Zwischen der 50. und 80. Sitzung hat sich die mittlere Schwere des Stotterns um drei Stufen von 5 bis 6 auf 2 bis 3 reduziert. Außerdem gab es in den letzten 15 Wochen der Therapie jeden Tag mindestens eine Situation, in der sie überhaupt nicht gestottert hat und die Situationen mit dem schwersten Stottern haben sich von dem Schweregrad 7 auf 4 bis 3 reduziert. Diese Veränderungen zeigen, dass die Patientin zunehmend besser in der Lage war, schwereres Stottern in leichtere Formen der Sprechunflüssigkeit zu überführen. Nach der 65. Sitzung wurde die Therapie, wegen eines Auslandsaufenthaltes des Therapeuten, für 3 Monate unterbrochen. In dieser Zeit wurden wöchentliche Kontakte auf elektronischem Wege aufrechterhalten. Die Patientin hat in dieser Zeit extreme Erfolge und ermutigende Erfahrungen bei öffentlichen Reden und öffentlich geführten strittigen Diskussionen gemacht, aber auch extreme Rückschläge erfahren. Ihr wurde geraten, ihre Übungen schwerpunktmäßig jeweils auf einen Bereich, z. B. auf Gespräche am Arbeitsplatz zu konzentrieren und in diesem Bereich ihre Fähigkeiten zur Selbstkontrolle zu schulen. Sie wurde ermuntert, bei der Arbeit neue Gesprächsanlässe zu schaffen und ihr Sprechen zu verbessern. Dies gelang ihr am Arbeitsplatz zu ihrer eigenen Zufriedenheit auch in sehr schwierigen und strittigen Gesprächen mit Vorgesetzten. Auf Anraten des Therapeuten hat sie daraufhin den Schwerpunkt ihrer Übungen in die Familie verlagert und dort auch Gespräche unter Selbstkontrolle geführt, die sie früher gemieden hatte (z. B. mit ihren Töchtern, ihrem Mann und ihrer Mutter über ihr Stottern zu sprechen). Im Anschluss an die dreimonatige Unterbrechung wurden zunächst fünf wöchentliche Sitzungen, danach fünf Sitzungen im 14-tägigen Abstand und die letzten fünf Sitzungen bis zur 80. Sitzung in vierwöchigen Intervallen durchgeführt. In den Zeiten verringerter Behandlungsdichte hatte die Patientin jederzeit die Möglichkeit, bei Bedarf kurzfristig Zwischentermine nachzufragen. Sie hat von dieser Möglichkeit keinen Gebrauch gemacht.

Positive Erfahrungen bei öffentlichem Reden und Rückschläge

Bei Therapieabschluss lagen die mittleren Urteile über die Schwere des Stotterns über fünf Wochen auf der 11-stufigen Skala stabil zwischen den Stufen zwei und drei und für die Situationen mit dem schwersten Stottern zwischen drei und vier. Jeden Tag hatte sie mindestens eine Gesprächssituation, in der sie überhaupt nicht stotterte. Auch diese Werte waren über mehrere Wochen stabil. Die Schwere des Stotterns lag damit in den meisten Situationen noch über der von der Patientin angestrebten Stufe eins, aber deutlich unter der Schwere bei Behandlungsbeginn. Mit einer Häufigkeit von unter einmal in zehn Minuten kamen leichte Verkrampfungen mit einer Maximaldauer von 1 Sek. vor. In Gesprächen mit dem Therapeuten lagen die Stotterraten je nach Thema zwischen null und fünf Stotterereignissen in fünf Minuten Sprechzeit. Wenn der Therapeut an die Selbstkontrollmöglichkeiten erinnerte, gingen die Stotterraten sofort und ohne weitere Interventionen auf Null zurück. Ihre Einstellung zum Stottern ermöglichte es, dass sie in wichtigen Situationen Stottern akzeptierte, Gespräche auch dann aufrechterhielt, wenn sie sich vorübergehend unvollständig kontrollieren konnte.

Maximal fünf Stotterereignisse in fünf Minuten

In der Abschlussbesprechung wurde nochmals ihre Scham vor dem Offenbaren des Stotterns als wesentliche Gefahr für einen Rückfall angesprochen und ihre Bereitschaft zur Verlangsamung, Entspannung und zum entspannten Stottern bestärkt. Ihr wurde nochmals verdeutlicht, dass die Vermeidung von Selbstkontrollmaßnahmen aus Angst davor, ihr Sprechen noch auffälliger zu machen, das Rückfallrisiko erhöht.

6 Weiterführende Literatur

Ham, R. (2000). *Techniken in der Stottertherapie* [Techniques of stuttering therapy] (Juranek-Hosenmann, Trans.). Köln: Demosthenes Verlag der Bundesvereinigung Stotterer-Selbsthilfe e. V.

Natke, U. (2005). *Stottern. Erkenntnisse, Theorien, Behandlungsmethoden* (2. Aufl.). Bern: Verlag Hans Huber.

Zückner, H. (2004). *Intensiv-Modifikation Stottern: Die Modifikation. Informationen für Patienten und Übungsaufgaben zu Prolongationen, Pull-Outs und Nachbesserungen.* Neuss: Verlag Ulrich Natke.

Zückner, H. (2004). *Intensiv-Modifikation Stottern: Die Modifikation. Informationen für Therapeuten.* Neuss: Verlag Ulrich Natke.

7 Literatur

Ackermann, H., Hertrich, I., Ziegler, W., Bitzer, M. & Bien, S. (1996). Acquired disfluencies following infarcation of the left mesiofrontal cortex. *Aphasiology, 10*, 409–417.

Adams, M. R. (1990). The demands and capacities model I: Theoretical elaborations. *Journal of Fluency Disorders, 15*, 135–141.

Adams, M. R., Freeman, F. J. & Conture, E. G. (1985). *Laryngeal dynamics of stutterers.* London: Taylor & Francis.

Ambrose, N. G. & Yairi, E. (1999). Normative disfluency data for early childhood stuttering. *Journal of Speech, Language, and Hearing Research, 42*(4), 895–909.

American Psychological Association (Ed.). (2001). *Publication manual of the American Psychological Association* (5th ed.). Washington, DC: American Psychological Association.

American Speech-Language-Hearing Association (ASHA). (1999). Terminology pertaining to fluency and fluency disorders: guidelines. *ASHA Special Interest Division 4: Fluency and Fluency Disorders,* 29–36.

Andrews, G., Craig, A., Feyer, A.-M., Hoddinott, S., Howie, P. & Nielson, M. (1983). Stuttering: A review of research findings and theories circa 1982. *Journal of Speech and Hearing Disorders, 48*, 226–246.

Andrews, G., Guitar, B. & Howie, P. (1980). Meta-analysis of the effects of stuttering treatment. *Journal of Speech and Hearing Disorders, 45*, 287–307.

Andrews, G., Howie, P., Dozsa, M. & Guitar, B. (1982). Stuttering: Speech pattern characteristics under fluency inducing conditions. *Journal of Speech and Hearing Research, 25*, 208–216.

Arndt, J. & Healey, E. C. (2001). Concomitant disorders in school-age children who stutter. *Language, Speech, and Hearing Services in the Schools, 32*, 68–78.

Atkinson, L. (1983). Rational-emotive therapy versus systematic desensitization: A comment on Moleski and Tosi. *Journal of Consulting and Clinical Psychology, 51*(5), 776–778.

Australian Stuttering Research Centre. (2004). *Lidcombe program: Manual.* Retrieved August 2005, from http://www3.fhs.usyd.edu.au/asrcwww/downloads/LP_Manual_German_Oct2004.pdf

Avari, D. N. & Bloodstein, O. (1974). Adjacency and prediction in school-age stutterers. *Journal of Speech and Hearing Research, 17*, 33–40.

Azrin, N. H. & Nunn, R. G. (1974). A rapid method of eliminating stuttering by a regulated breathing approach. *Behaviour Reasearch and Therapy, 12*, 279–286.

Baumeister, H., Caspar, F. & Herziger, F. (2003). Therapieerfolgsstudie zum Stottertherapie-Sommercamp 2000 für Kinder und Jugendliche [Treatment outcome study of the stuttering therapy summer camp 2000]. *Psychotherapie, Psychosomatik, Medizinische Psychologie, 53*(11), 455–463.

Bernstein Ratner, N. (1997). Stuttering: A psycholinguistic perspective. In R. F. Curlee & G. M. Siegel (Eds.), *Nature and treatment of stuttering* (2nd ed., pp. 99–127). Needham Heights, MA: Allyn and Bacon.

Bernstein Ratner, N. (2005). Evidence-based practice in stuttering: Some questions to consider. *Journal of Fluency Disorders, 30*, 163–188.

Bernstein Ratner, N. & Sih, C. C. (1987). Effects of gradual increases in sentence length and complexity of children's dysfluency. *Journal of Speech and Hearing Disorders, 52*, 278–287.

Best, K.-H. (2001). Wortlängen in Texten gesprochener Sprache. *Göttinger Beiträge zur Sprachwissenschaft, 6*, 31–42.

Black, J. W. (1951). The effect of delayed side-tone upon vocal rate and intensity. *Journal of Speech and Hearing Disorders, 16*, 56–60.

Blood, G. W., Ridenour Jr., V. J., Qualls, C. D. & Scheffner Hammer, C. (2003). Co-occurring disorders in children who stutter. *Journal of Communication Disorders, 36*, 427–448.

Bloodstein, O. (1995). *A Handbook of stuttering*. San Diego, California: Singular Publishing Group, Inc.

Boberg, E. & Kully, D. (1994). Long-term results of an intensive treatment program for adults and adolescents who stutter. *Journal of Speech and Hearing Research, 37*, 1050–1059.

Bosshardt, H.-G. (1999). Effects of concurrent mental calculation on stuttering, inhalation, and speech timing. *Journal of Fluency Disorders, 24*, 43–72.

Bosshardt, H.-G. (2002). Effects of concurrent cognitive processing on the fluency of word repetition: Comparison between persons who do and do not stutter. *Journal of Fluency Disorders, 27*(2), 93–114.

Bosshardt, H.-G. (2004). Was ist falsch an John Waynes Therapie des Stotterns? *Logos interdisziplinär, 12*, 17–21.

Bosshardt, H.-G. (2006). Cognitive processing load as a determinant of stuttering: Summary of a research program. *Clinical Linguistics & Phonetics, 20*(5), 371–385.

Bosshardt, H.-G., Ballmer, W. & de Nil, L. F. (2002). Effects of category and rhyme decisions on sentence production. *Journal of Speech, Language, and Hearing Research, 45*(5), 844–857.

CELEX German Database (Release D25) [On-line]. (1995). (Available: Nijmegen: Center for lexical information [Producer and Distributor]: http://www.ru.nl/celex/

Conture, E. G. (2000). Dreams of our theoretical nights meet the realities of our empirical days: Stuttering theory and research. In H.-G. Bosshardt, J. S. Yaruss & H. F. M. Peters (Eds.), *Fluency Disorders: Theory, Research, Treatment and Self-Help. Proceedings of the Third World Congress of Fluency Disorders in Nyborg, Denmark.* (pp. 3–29). Nijmegen: Nijmegen University Press.

Conture, E. G. (2001). *Stuttering: Its nature, diagnosis, and treatment.* Boston: Allyn and Bacon.

Conture, E. G., Colton, R. H. & Gleason, J. R. (1988). Selected temporal aspects of coordination during fluent speech of young stutterers. *Journal of Speech and Hearing Research, 31*, 640–653.

Cordes, A. K. (1998). Current status of the stuttering treatment literature. In A. K. Cordes & R. J. Ingham (Eds.), *Treatment efficacy for stuttering – A search for empirical bases* (pp. 117–144). San Diego, London: Singular Publishing Group, Inc.

Cordes, A. K. & Ingham, R. J. (1994). The reliability of observational data: II. Issues in the identification and measurement of stuttering events. *Journal of Speech and Hearing Research, 37*, 279–294.

Costa, A. D. & Kroll, R. M. (1995). Sertraline in stuttering. *Journal of Clinical Psychopharmacology, 15*(6), 443–444.

Costello, J. M. & Ingham, R. J. (1984). Stuttering as an operant disorder. In R. F. Curlee & W. H. Perkins (Eds.), *Nature and treatment of stuttering: New directions* (pp. 187–214). London Taylor & Francis.

Craig, A. (1998). Relapse following treatment for stuttering: A critical review and correlative data. *Journal of Fluency Disorders, 23*(1), 1–30.

Craig, A., Franklin, S. & Andrews, G. (1984). A scale to measure locus of control of behavior. *British Journal of Medical Psychology, 57*, 173–180.

Curio, G., Neuloh, G., Numminen, J., Jousmaki, V. & Hari, R. (2000). Speaking modifies voice-evoked activity in the human auditory cortex. *Human Brain Mapping, 9,* 183–191.

de Andrade, C. R. F., Cervone, L. M. & Sassi, F. C. (2003). Relationship between the stuttering severity index and speech rate. *Sao Paulo Medical Journal, 121*(2), 81–84.

de Nil, L. F. & Bosshardt, H.-G. (2000). Studying stuttering from a neurological and cognitive information processing perspective. In H.-G. Bosshardt, J. S. Yaruss & H. F. M. Peters (Eds.), *Stuttering: Research, therapy, and self-help. Third World Congress on Fluency Disorders (Nyborg, Denmark)* (pp. 53–58). Nijmegen: Nijmegen University Press.

Diagnostisches und statistisches Manual psychischer Störungen DSM-IV. (1996). *Deutsche Bearbeitung und Einführung von H. Saß, H.-U. Wittchen & M. Zaudig* (H. Saß, H.-U. Wittchen & M. Zaudig, Trans.). Göttingen: Hogrefe Verlag für Psychologie.

Dietrich, S., Jensen, K. H. & Williams, D. M. (2001). Effects of the label „stutterer" on student perception. *Journal of Fluency Disorders, 26,* 55–56.

Ellis, A. & Hoellen, B. (1997). *Die rational-emotive Verhaltenstherapie – Reflexionen und Neubestimmungen. München:* J. Pfeiffer Verlag.

Euler, H. A. & von Gudenberg, A. W. (2000). Die Kasseler Stottertherapie (KST). Ergebnisse einer computergestützten Biofeedbacktherapie für Erwachsene. *Sprache, Stimme und Gehör, 24,* 71–79.

Felsenfeld, S. (1997). Epidemiology and genetics. In R. F. Curlee & G. M. Siegel (Eds.), *Nature and treatment of stuttering: New directions* (pp. 3–23). Boston: Allyn and Bacon.

Fiedler, P. & Standop, R. (1994). *Stottern. Ätiologie, Diagnose und Behandlung* (4. Aufl.). Weinheim: Beltz.

Finn, P. (2004). Self-change from stuttering during adolescence and adulthood. In A. K. Bothe (Ed.), *Evidence-based treatment of stuttering: Empirical bases and applications* (pp. 117–136). Mahwah, New Jersey: Lawrence Erlbaum Associates Publishers.

Godinho, T., Ingham, R. J., Davidow, J. & Cotton, J. (2006). The distribution of phonated intervals in the speech of individuals who stutter. *Journal of Speech, Language, and Hearing Research, 49*(1), 161–171.

Gottwald, S. R. (1999). Family communication patterns and stuttering development: An analysis of the research literature. In N. Bernstein Ratner & C. E. Healey (Eds.), *Stuttering research and practice: Bridging the gap.* Mahwah, New Jersey: Lawrence Erlbaum Associates Publishers.

Gottwald, S. R. & Starkweather, W. C. (1999). Stuttering Prevention and Early Intervention: A Multiprocess Approach. In M. Onslow & A. Packman (Eds.), *The handbook of early Stuttering Intervention* (pp. 53–82). San Diego: Singular Publishing Group.

Grohnfeld, M. (1992). Redeflußstörungen – mehr Fragen als Antworten? In M. Grohnfeld (Hrsg.), *Handbuch der Sprachtherapie* (Vol. Band 5: Störungen der Redefähigkeit, S. 3–20). Berlin: Edition Marhold.

Guitar, B. (2006). *Stuttering: An integrated approach to its nature and treatment* (3rd ed.). Baltimore, Maryland: Williams & Wilkins.

Habermann, G. (2003). *Stimme und Sprache. Eine Einführung in ihre Physiologie und Hygiene* (4., unv. Aufl.). Stuttgart: Thieme.

Ham, R. (2000). *Techniken in der Stottertherapie [Techniques of stuttering therapy]* (Juranek-Hosenmann, Trans.). Köln: Demosthenes Verlag der Bundesvereinigung Stotterer-Selbsthilfe e. V.

Healey, C. E., Trautmann, L. S. & Panico, J. (2001). *A model for manipulating linguistic complexity in stuttering therapy.* Retrieved June 2003, from http://www.mnsu.edu/comdis/ad4/papers/healey4.html.

Hebborn-Brass, U. (1986). Ein praxisorientierter Leitfaden zur Stotterertherapie, Erfahrungen mit der Modifikation des Vorgehens nach Azrin und Nunn. *Die Sprachheilarbeit, 31*(1), 1–8.

Herziger, F. (2003). Das Stottertherapie-Sommercamp für Kinder und Jugendliche – eine neue Form der intensiven Stottertherapie hat sich bewährt. *Die Sprachheilarbeit, 48*(2), 65–68.

Hinsch, R. & Pfingsten, U. (2002). Gruppentraining sozialer *Kompetenzen: GSK; Grundlagen, Durchführung, Anwendungsbeispiele* (4. Aufl.). Weinheim: Beltz.

Howie, P. (1981a). Concordance for stuttering in monocygotic and dicygotic twin pairs containing stutterers. *Journal of Speech and Hearing Disorders, 24,* 317–321.

Howie, P. (1981b). Intrapair similarity in frequency of disfluency in monocygotic twin pairs containing stutterers. *Behavior Genetics, 11,* 227–238.

Ingham, J. C. (2003). Evidence-based treatment of stuttering: I. Definition and application. *Journal of Fluency Disorders, 28,* 197–207.

Ingham, R. J. (1982). The effects of self-evaluation training on maintenance and generalization during stuttering treatment. *Journal of Speech and Hearing Disorders, 47,* 271–280.

Ingham, R. J. (1998). On learning from speech-motor control research on stuttering. In A. K. Cordes & R. J. Ingham (Eds.), *Treatment efficacy for stuttering. A search for empirical bases* (pp. 67–102). San Diego: Singular Publishing Group, Inc.

Ingham, R. J., Kilgo, M., Ingham, J. C., Moglia, R., Moglia, R., Belknap, H., et al. (2001). Evaluation of a stuttering treatment based on reduction of short phonation intervals. *Journal of Speech, Language, and Hearing Research, 44*(6), 1229–1244.

Ingham, R. J., Moglia, R. A., Frank, P., Ingham, J. C. & Cordes, A. K. (1997). Experimental investigation of the effects of frequency-altered auditory feedback on the speech of adults who stutter. *Journal of Speech, Language, and Hearing Research, 40,* 361–372.

Ingham, R. J. & Onslow, M. (1985). Measurement and modification of speech naturalness during stuttering therapy. *Journal of Speech and Hearing Disorders, 50,* 261–281.

Iven, C. (1998). Poltern: Aktuelle Erkenntnisse, Meinungen und Forschungsergebnisse zu einer fast vergessenen Sprachstörung. *Sprache, Stimme, Gehör, 22,* 54–62.

James, J. E. (1981a). Behavioral self-control of stuttering using time-out from speaking. *Journal of Applied Behavior Analysis, 14,* 25–37.

James, J. E. (1981b). Self-monitoring of stuttering: Reactivity and accuracy. *Behavior Research and Therapy, 19,* 206–215.

James, J. E. (1983). Parameters of the influence of self-initiated time-out from speaking on stuttering. *Journal of Communication Disorders, 16*(2), 123–132.

James, J. E., Ricciardelli, L. A., Rogers, P. & Hunter, C. E. (1989). A preliminary analysis of the ameliorative effects of time-out from speaking on stuttering. *Journal of Speech and Hearing Research, 32,* 604–610.

Jayaram, M. (1984). Distribution of stuttering in sentences. Relationship to sentence length and clause position. *Journal of Speech and Hearing Research, 27,* 338–341.

Jehle, P. (1994). *Kurz- und langfristige Ergebnisse der Behandlung des Stotterns mit dem Therapieprogramm von Boberg und Kully.* Frankfurt am Main: Deutsches Institut für Internationale Pädagogische Forschung.

Jehle, P. & Boberg, E. (1987). Intensive treatment for adolescent and adult stutterers by Boberg and Kully [Intensivbehandlung für jugendliche und erwachsene Stotternde von Boberg und Kully]. *Folia Phoniatrica et Logopedica, 39*(5), 256–268.

Jehle, P. & Renner, J. A. (1998). Kontrollüberzeugung und Stottern. Überprüfung eines Fragebogens und Therapieergebnisse. *Die Sprachheilarbeit, 43*(2), 78–89.

Johannsen, H. S. (2001). Der Einfluss von Alter, Geschlecht, Symptomatologie, Heredität und Händigkeit auf den Verlauf des Stotterns im Kindesalter. *Sprache Stimme Gehör, 25,* 14–19.

Johnson, W. & Associates. (1959). *The onset of stuttering.* Minneapolis: University of Minneapolis.

Kalinowski, J., Noble, M., Armson, J. & Stuart, A. (1994). Pretreatment and posttreatment speech naturalness ratings of adults with mild and severe stuttering. *American Journal of Speech Language Pathology: A Journal of Clinical Practice, 3,* 61–66.

Kent, R. D. (1997). *The speech sciences.* San Diego: Singular Publishing Group, Inc.

Keßler, B. H. (1981). Raitonal-emotive Therapie bei Stotterern. *Die Sprachheilarbeit, 26*(2), 91–98.

Kidd, K. K. (1984). Stuttering as a genetic disorder. In R. F. Curlee & W. H. Perkins (Eds.), *Nature and treatment of stuttering: New directions* (pp. 149–170). London: Taylor & Francis.

Kloth, S.A.M., Janssen, P., Kraaimaat, F. & Brutten, G.J. (1995). Speech-motor and linguistic skills of young stutterers prior to onset. *Journal of Fluency Disorders, 20,* 157–170.

Kloth, S. A. M., Kraaimaat, F., Janssen, P. & Brutten, G. J. (1999). Persistence and remission of incipient stuttering among high-risk children. *Journal of Fluency Disorders, 24,* 253–265.

Kraaimaat, F., Vanryckeghem, M. & Van Dam-Baggen, R. (2002). Stuttering and social anxiety. Journal of Fluency Disorders, 27, 319–331.

Kully, D. & Langevin, M. (1999). Intensive treatment for stuttering adolescents. In R. F. Curlee (Ed.), *Stuttering and related disorders of flueny* (2nd ed., pp. 139–159). New York: Thieme Medical Publishers, Inc.

Langevin, M. & Kully, D. (2003). Evidence-based treatment of stuttering: III. Evidence-based practice in a clinical setting. *Journal of Fluency Disorders, 28,* 219–236.

Lattermann, C. (2003). Das Lidcombe-Programm – ein Therapieverfahren zur Behandlung frühkindlichen Stotterns. *Forum Logopädie, 2*(17), 20–25.

Lebrun, Y., Leleux, C., Rousseau, J.-J. & Devreux, F. (1983). Acquired stuttering. *Journal of Fluency Disorders, 8*(4), 322–330.

Lee, B. S. (1950). Effects opf delayed speech feedback. *Journal of the Acoustical Society of America, 22*(6), 824–826.

Lincoln, M. & Packman, A. (2003). Measuring stuttering. In M. Onslow, A. Packman & E. Harrison (Eds.), *The Lidcombe program of early stuttering intervention. A clinician's guide* (pp. 59–70). Austin TX: Pro-Ed.

Logan, K. J. & Conture, E. G. (1995). Length, grammatical complexity, and rate differences in stuttered and fluent conversational utterances of children who stutter. *Journal of Fluency Disorders, 20,* 35–61.

Månsson, H. (2000a). Childhood stuttering: Incidence and development. *Journal of Fluency Disorders, 25,* 45–57.

Månsson, H. (2000b). Stammen og kaos. Undersøgelse afstammen hos småbørn. *Nordisk Tidsskrift for Specialpedagogikk, 78,* 23–42.

Marcus, A. & Schmidt, M. H. (1995). Möglichkeiten medikamentöser Mitbehandlung des Stotterns im Kindes- und Jugendalter. *Zeitschrift für Kinder- und Jugendpsychiatrie, 25*(3), 182–194.

Martin, R. R., Kuhl, P. & Haroldsen, S. (1972). An experimental treatment with two preschool stuttering children. *Journal of Speech and Hearing Research, 15,* 743–752.

Martin, R. R. & Siegel, G. M. (1966a). The effects of response-contingent shock on stuttering. *Journal of Speech and Hearing Research, 9,* 340–353.

Martin, R. R. & Siegel, G. M. (1966b). The effects of simultaneously punishing stuttering and rewarding fluency. *Journal of Speech and Hearing Research, 9,* 466–475.

Melnick, K. S. & Conture, E. G. (2000). Relationship of length and grammatical complexity to the systematic and nonsystematic speech errors and stuttering in children who stutter. *Journal of Fluency Disorders, 25,* 21–45.

Messenger, M., Onslow, M., Packman, A. & Menzies, R. (2004). Social anxiety in stuttering: Measuring negative social expectancies. *Journal of Fluency Disorders, 29*(3), 201– 212.

Miller, S. & Watson, B. C. (1992). The relationshsip between communication attitude, anxietey, and depression in stutterers and nonstutterers. *Journal of Speech and Hearing Research, 35,* 789–798.

Moleski, R. & Tosi, D. J. (1976). Comparative psychotherapy: Rational-emotive therapy versus systematic desensitization in the treatment of stuttering. *Journal of Consulting and Clinical Psychology, 44,* 309–311.

Natke, U. (1999). *Die audiophonatorische Kopplung als grundlegender Mechanismus der Sprechflußkontrolle bei stotternden und nicht stotternden Personen.* Hannover: Unser Verlag.

Nippold, M. A. & Rudzinski, M. (1995). Parent's speech and children's stuttering: A critique of the literature. *Journal of Speech and Hearing Research, 38,* 978–989.

Onslow, M. & Packman, A. (1997). Designing and implementing a strategy to control stuttered speech in adults. In R. F. Curlee & G. M. Siegel (Eds.), *Nature and treatment of stuttering. New directions* (pp. 356–376). Boston: Allyn and Bacon.

Onslow, M., Packman, A. & Harrison, E. (Eds.). (2003). *The Lidcombe program of early stuttering intervention. A clinician's guide.* Austin, TX: Pro-Ed.

Packman, A. & Attanasio, J. S. (2004). *Theoretical issues in stuttering* Hove: Psychology Press.

Paden, E. P., Ambrose, N. G. & Yairi, E. (2002). Phonological progress during the first 2 years of stuttering. *Journal of Speech, Language, and Hearing Research, 45*(2), 256–267.

Paden, E. P., Yairi, E. & Ambrose, N. G. (1999). Early childhood stuttering II: Initial status of phonological abilities. *Journal of Speech, Language, and Hearing Research, 42,* 1113–1124.

Perkins, W. H., Kent, R. D. & Curlee, R. F. (1991). A theory of neuropsycholinguistic function in stuttering. *Journal of Speech and Hearing Research, 34,* 734–752.

Peters, H. F. M. (1988). Coordination of aerodynamic and phonatory processes in fluent speech utterances of stutterers. *Journal of Speech and Hearing Research, 31,* 352–361.

Peters, H. F. M., Hulstijn, W. & Starkweather, W. C. (1989). Acoustic and physiological reaction times of stutterers and nonstutterers. *Journal of Speech and Hearing Research, 32,* 668–680.

Peters, H. F. M., Hulstijn, W. & Van Lieshout, P. H. H. M. (2000). Recent developments in speech motor research into stuttering. *Folia Phoniatrica et Logopaedica, 52,* 103–119.

Prins, D. & Hubbard, C. P. (1988). Response contingent stimuli and stuttering: Issues and implications. *Journal of Speech and Hearing Research, 31,* 696–709.

Renner, J. A. (1995). *Erfolg in der Stottertherapie.* Berlin: Edition Marhold.

Renner, J. A. (2000). Zur Messbarkeit von Effekten in der Stotterthreapie. *Forum Logopädie* (2), 15–18.

Riley, G. D. (1972). A stuttering severity instrument for children and adults. *Journal of Speech and Hearing Disorders, 37,* 314–322.

Riley, G. D. (1994). *Stuttering severity instrument for children and adults* (3rd edition ed.). Austin, TX: Pro-Ed.

Rommel, D. (2001). Die Bedeutung der Sprache für den Verlauf des Stotterns im Kindesalter. *Sprache Stimme Gehör, 25,* 25–33.

Rosen, G. & Davison, G. (2003). Psychology should list empirically supported principles of change (ESPs) and not credential trademarked therapies or other treatment packages. *Behavior Modification, 27,* 300–312.

Rosenbek, J. C. (1984). Stuttering secondary to nervous system damage. In R. F. Curlee & W. H. Perkins (Eds.), *Nature and treatment of stuttering: New directions* (pp. 31–48). San Diego: College-Hill Press.

Rothenberger, A., Johannsen, H. S., Schulze, H., Amorosa, H. & Rommel, D. (1994). *Medikamente und Stottern. Wirkung von Tiapridex auf das Stottern bei älteren Kindern und Jugendlichen.* Ulm: Verlag Phoniatrische Ambulanz der Universität Ulm.

Ryan, B. P. (2001). *Programmed therapy for stuttering in children and adults* (2nd ed.). Springfield, Illinois: Charles C Thomas Publisher Ltd.

Salmelin, R., Schnitzler, A., Schmitz, F., Jäncke, L., Witte, O. W. & Freund, H.-J. (1998). Functional organization of the auditory cortex is different in stutterers and fluent speakers. *NeuroReport, 9,* 2225–2229.

Sandrieser, P. & Schneider, P. (2001). *Stottern im Kindesalter.* Stuttgart: Thieme.

Schulze, H. (1991). Time pressure variables in the verbal parent-child interaction patterns of fathers and mothers of stuttering, phonologically disordered and norma preschool children. In H. F. M. Peters, W. Hulstijn & W. C. Starkweather (Eds.), *Speech motor control and stuttering* (pp. 441–452). Amsterdam: Excerpta Medica.

Siegel, G. M. (1999). Integrating affective, behavioral, and cognitive factors in stuttering. In N. Bernstein Ratner & C. E. Healey (Eds.), *Stuttering research and practice: Bridging the gap* (pp. 115–122). Mahwah, New Jersey: Lawrence Erlbaum Associates Publishers.

Smith, A. (1999). Stuttering: A unified approach to a multifactorial, dynamic disorder. In N. Bernstein Ratner & C. E. Healey (Eds.), *Stuttering research and practice: Bridging the gap.* Mahwah, New Jersey: Lawrence Erlbaum Associates Publishers.

Smith, A. & Kelly, E. M. (1997). Stuttering: A dynamic, multifactorial model. In R. F. Curlee & G. M. Siegel (Eds.), *Nature and treatment of stuttering: New directions* (2nd ed., pp. 204–236). Boston: Allyn and Bacon.

St. Louis, K. O. J. (1999). Person-first labeling and stuttering. *Journal of Fluency Disorders, 24,* 1–24.

St. Louis, K. O. J., & Myers, L. F. (1997). Management of cluttering and related fluency disorders. In R. F. Curlee & G. M. Siegel (Eds.), *Nature and treatment of stuttering: New directions.* New York: Allyn and Bacon.

St. Louis, K. O. J. & Westbrook, J. B. (1987). The effectiveness of treatment for stuttering. In L. Rustin, H. Purser & D. Rowley (Eds.), *Progress in the treatment of fluency disorders* (pp. 235–257). London, New York, Philadelphia: Taylor & Francis.

Starkweather, W. C. & Gottwald, S. R. (1990). The demands and capacities model II: clinical applications. *Journal of Fluency Disorders, 15,* 143–157.

Starkweather, W. C., Gottwald, S. R. & Halfond, M. M. (1990). *Stuttering prevention. A clinical method.* Englewood Cliffs, N. J.: Prentice-Hall.

Stein, M. B., Baird, A., & Walker, J. F. (1996). Social phobia in adults with stuttering. *American Journal of Psychiatry, 153*(2), 278–280.

Stuart, A., Kalinowski, J., Rastatter, M. P. & Lynch, K. (2002). Effect of delayed auditory feedback on normal speakers at two speech rates. *Journal of the Acoustical Society of America, 111,* 2237–2241.

Travis, L. E. (1931). *Speech pathology.* New York: Appleton-Century-Crofts.

van Borsel, J., Reunes, G. & van den Bergh, N. (2003). Delayed auditory feedback in the treatment of stuttering: Clients as consumers. *International Journal of Language and Communication Disorders, 38*(2), 119–129.

van Borsel, J., van Lierde, K., Guldemont, I. & van Orshoven, M. (1998). Severe acquired stuttering following injury of the left supplementary motor region: A case report. *Journal of Fluency Disorders, 23,* 49–58.

van Lieshout, P. H. H. M. (1995). *Motor planning and articulation in fluent speech of stutterers and nonstutterers.* Nijmegen Institute for Cognition and Information: NICI.

Van Lieshout, P. H. H. M., Hulstijn, W. & Peters, H. F. M. (1996). Speech production in people who stutter: Testing the motor plan assembly hypothesis. *Journal of Speech and Hearing Research, 39,* 76–92.

van Riper, C. (1971). *The nature of stuttering.* Englewood Cliffs, N. J.: Prentice-Hall.

Webster, R. L. (1997). Principles of human brain organization related to lateralization of language and speech motor functions in normal speakers and stutterers. In W. Hulstijn, H. F. M. Peters & P. H. H. M. Van Lieshout (Eds.), *Speech production: Motor control, brain research, and fluency disorders* (pp. 119–139). Amsterdam: Elsevier.

Webster, W. G. (1998). Brain models and the clinical management of stuttering. *Journal of Speech-Language Pathology and Audiology, 22*(4), 220–230.

Weltgesundheitsorganisation (Ed.). (2005). *Internationale Klassifikation psychischer Störungen. ICD-10 Kapitel V(F). Klinisch-diagnostische Leitlinien* (5. durchgesehene und ergänzte Aufl.). Bern: Huber.

Woods, D. W., Twohig, M. P., Fuqua, W. R. & Hanley, J. M. (2000). Treatment of stuttering with regulated breathing: Strengths, limitations, and future directions. *Behavior Therapy, 31*(3), 547–568.

Woolf, G. (1967). The assessment of stuttering as struggle, avoidance and expectancy. *British Journal of Disorders of Communication, 2,* 158–171.

Yairi, E. (1997). Home environment and parent-child interaction in childhood stuttering. In R. F. Curlee & G. M. Siegel (Eds.), *Nature and treatment of stuttering. New directions* (pp. 22–48). Boston: Allyn and Bacon.

Yairi, E. & Ambrose, N. G. (1999). Early childhood stuttering I: Persisitency and recovery rates. *Journal of Speech, Language, and Hearing Research, 42,* 1097–1112.

Yairi, E. & Ambrose, N. G. (2004). *Early childhood stuttering. For clinicians by clinicians.* Austin, Texas: Pro-Ed.

Yaruss, J. S. (1998). Real-time analysis of speech fluency: Procedures and reliability training. *Speech-Language Pathology, 7,* 25–37.

Yaruss, J. S. (1999). Utterance length, syntactic complexity, and childhood stuttering. *Journal of Speech, Language, and Hearing Research, 42,* 329–344.

Yaruss, J. S. & Conture, E. G. (1995). Mother and child speaking rates and utterance lengths in adjacent fluent utterances: Preliminary observations. *Journal of Fluency Disorders, 20,* 257–278.

Zocchi, L., Estenne, M., Johnston, S., del Ferro, L., Ward, M. E. & Macklem, P. T. (1990). Respiratory muscle incoordination in stuttering speech. *American review of respiratory disease, 141,* 1510–1515.

Zückner, H. (2004a). *Intensiv-Modifikation Stottern: Die Modifikation. Informationen für Patienten und Übungsaufgaben zu Prolongationen, Pull-Outs und Nachbesserungen.* Neuss: Verlag Ulrich Natke.

Zückner, H. (2004b). *Intensiv-Modifikation Stottern: Die Modifikation. Informationen für Therapeuten.* Neuss: Verlag Ulrich Natke.

Anhang

Adressen

Umfangreiches deutschsprachiges Informations- und Beratungsangebot für Stotterer, Angehörige von Stotterern und Therapeuten findet man auf folgenden Internetseiten:

Bundesvereinigung für Stotterer-Selbsthilfe e. V.
URL: http://www.bvss.de/
Tel.: 02 21-1 39 11 06 oder 1 39 11 07
E-Mail: info@bvss.de

Deutscher Bundesverband für Logopädie e. V.
URL: http://www.dbl-ev.de/

Interdisziplinäre Vereinigung für Stottertherapie e. V.
URL: http://www.ivs-online.de/

Eine der umfassendsten englischsprachigen Informationsquellen für Betroffene und Therapeuten:

The stuttering homepage
URL: http://www.mnsu.edu/comdis/kuster/stutter.html

Zählbogen zur Ermittlung der Sprechflüssigkeit in der Therapiesituation

Patient: _____   Therapeut: _____

Sitzung: _____   Datum: _____

Thema/Situation: _____   Thema/Situation: _____

Zeit	Typ. Unfl.	Untyp.	Zeit	Typ. Unfl.	Untyp.

Thema/Situation: _____   Thema/Situation: _____

Zeit	Typ. Unfl.	Untyp.	Zeit	Typ. Unfl.	Untyp.

Bemerkungen

Einschätzungen der Schwere des Stotterns und der Unnatürlichkeit des Sprechens				
Schwere des Stotterns			**Unnatürlichkeit des Sprechens**	
Extremes Stottern	10		10	Extrem unnatürlich
	9		9	
	8		8	
	7		7	
	6		6	
Mittleres Stottern	5		5	Merklich unnatürlich
	4		4	
	3		3	
	2		2	
	1		1	
Kein Stottern	0		0	Vollständig natürlich

Erläuterungen zur Einstufung der Schwere des Stotterns

Die Stufen von 0 bis 5 sollten für Abstufungen in der Häufigkeit des Vorkommens von entspannten Wiederholungen von Lauten, Silben und einsilbigen Worten und Lautdehnungen verwendet werden. Die Stufen 6 bis 10 sollten für Abstufungen in der Häufigkeit und Dauer des Vorkommens von Verspannungen und erhöhten Sprechanstrengungen verwendet werden.

Erläuterungen zur Einstufung der Unnatürlichkeit des Sprechens

Die Stufen von 0 bis 5 sollten Abstufungen in der Auffälligkeit einer unnatürlichen Sprechweise wiedergeben, die auf den unvoreingenommenen Zuhörer nicht unangenehm wirkt. Die Abstufungen zwischen 5 und 10 sollten verwendet werden, wenn die unnatürliche Sprechweise zunehmend auffälliger und für den unvoreingenommenen Zuhörer unangenehmer wird.

Wochenübersicht zur Einschätzung der Schwere des Stotterns

Patient: _____ Therapeut: _____

Datum: von _____ bis: _____

Extremes St.	10							10	Extremes St.
	9							9	
	8							8	
	7							7	
	6							6	
	5							5	
	4							4	
	3							3	
	2							2	
	1							1	
Kein Stottern	0							0	Kein Stottern
Wochentag									Wochentag
Datum									Datum

x = mittlere Schwere des Stotterns; ∧ = obere und ∨ = untere Schwankungsgrenze des Stotterns

Wochentag	Bemerkungen/Übungssituation und Schwere-Urteil	*Schwere*

Balbutiogramm für Erwachsene

Lesetexte

Die erste Version des Textes ist zur Auswertung für den Therapeuten, die zweite für den Patienten. Die Version für den Patienten sollte in größeren Buchstaben (z. B. 14 Punkte) gedruckt sein. Hierdurch behindern möglicherweise vorhandene kleinere Fehlsichtigkeiten das Lesen nicht. Patienten sollten eine eventuell vorhandene Lesebrille benutzen. Der Patient wird aufgefordert, den gesamten Text in seiner normalen Sprechgeschwindigkeit laut vorzulesen und eventuell aufkommende Stotterereignisse nicht zu unterdrücken oder zu kontrollieren. Wenn die Patienten mit dem Lesen begonnen haben, zählt der Therapeut auf seiner Kopie des Textes ab dem fett gedruckte Teil die Unflüssigkeiten. Mit der Zahl hinter dem Schrägstrich (z. B.\ $_{100}$) ist jeweils die Wortanzahl angegeben. Um beispielsweise aus der Gesamtzahl gestotterter Worte den Prozentsatz zu berechnen, muss man die Anzahl der gestotterten Worte durch die Anzahl der hundert Worte teilen, die gelesen wurden. Wenn beispielsweise 12 Worte von 400 Worten gestottert wurden, so entspricht dies 3 % gestotterter Worte (12 / 4 = 3).

Macht Laufen dumm? (Version für den Therapeuten)[1]

Aus Kisten quellen Turnschuhe. An den Wänden hängen Startnummern von vergangenen Wettkämpfen. Im Flur ist eine Dusche installiert. Und so muss das wohl aussehen in der Redaktion der deutschen Ausgabe des größten Laufmagazin der Welt: in der Redaktion von Runner's World in München-Solln. „Die Lage ist hervorragend", sagt Chefredakteur Thomas Steffens.

\ $_0$ **Von seinem Schreibtisch aus ist es nur ein kurzer Sprint bis in die Isarauen. Aber auch sonst ist das Heft bestens positioniert: Runner's World spurtet der Konkurrenz davon, getragen von einer verkauften Auflage von 58 Tausend Exemplaren pro Monat. Und getragen vor allem von der anhaltenden Begeisterung für die Volksbewegung, die sich jetzt wieder bei den Herbstmarathons in den Großstädten zeigt. New York macht am kommenden Sonntag den Anfang.**

Andere Renn-Hefte tauchen, wenn überhaupt, nur unter ferner liefen in der IVW-Verbreitungsstatistik auf. Und mit dem Palaver der Magazine hat Steffens sowieso nichts zu tun. Das hält er in \ $_{100}$ den meisten Fällen für: „total katastrophal". So ist sein Blatt, das bei Gruner und Jahr in Stuttgart erscheint, ein erfolgreiches Beispiel für ein Spezialheft. Steffens sagt: „Als ich angefangen habe, dachte ich: Was soll man bloß dauernd über dasselbe Thema schreiben?

---

[1] Auszug aus dem Artikel „Das Geheimnis der roten Muskelfaser" von Martin Thurau aus der Süddeutschen Zeitung vom 31. 10. 2005, Nachdruck erfolgt mit freundlicher Genehmigung der Süddeutschen Zeitung

Heute weiß ich: Kein Problem." Was man schon immer übers Laufen wissen musste und sich nie gefragt hat – in der Runner's World steht die Antwort. Zwischen Trainingsprogrammen („Steigungen laufen, Fortschritte spüren"), Materialtests („Trinksysteme im Vergleich"), Reportagen („Die 100 Kilometer von Biel") und Aufsätze über Ernährung („Bonbons als Kohlenhydratlieferant") wird kein noch so skurril erscheinendes Thema verschwitzt. Dafür sorgen vor allem die Leser, die sich Rat suchend an die Redaktion wenden. Die Leser beschäftigt zum Beispiel: Wie fest darf ein Schuh geschnürt sein? Macht Laufen dumm? Wer grüßt wen auf der Strecke? Oder: Kann man beim Schnorcheln abnehmen?

So liest sich die 1993 gegründete deutsche Runner's World auch als Spiegel des Freizeitverhaltens: Aus Trimmtrab ist eine Wissenschaft geworden. Steffens sagt: „Schuhe anziehen und loslaufen – das war einmal." Heute häufen auch Hobby-Läufer Spezialkenntnisse über Laktatwerte, das Piriformis-Syndrom und rote Muskelfasern an. Eine Industrie verdient daran unter anderem mit Funktions-Unterwäsche, Energieriegeln, ärztlichen Überprüfungen und satellitengestützten Navigationsgeräten fürs Handgelenk. Eine Entwicklung, die Steffens durchaus kritisch sieht: „Viele Menschen sind der Natur und ihrem Körper entfremdet. Sie erkennen sich nur noch übers Pulsmessgerät." Die neuesten Modelle präsentiert er trotzdem auf seinen Seiten. Er sagt: „Wir sind keine Missionare. Wir wollen niemanden zum Laufen bringen. Aber wir begleiten alle."

Dies bedeutet auch inhaltliche Dehnübungen zwischen Anfängern und Athleten. Um Briefe mit „Betreff Gesundheit" kümmert sich ein Team namhafter Sportmediziner. Aber auch die vier Redakteure, unter ihnen der ehemalige Marathonläufer in der Leichtathletik-Nationalmannschaft, Martin Grüning, wissen aus eigener Erfahrung, was die Leute bewegt. Der 52-jährige Steffens, der den Marathon vor 25 Jahren noch in 2,45 Stunden lief, sagt: „Man muss alle Überlastungsbeschwerden mitgemacht haben, um zu erfassen, welche Tragödie die Achillessehne bedeuten kann."

Macht Laufen dumm?[2]

Aus Kisten quellen Turnschuhe. An den Wänden hängen Startnummern von vergangenen Wettkämpfen. Im Flur ist eine Dusche installiert. Und so muss das wohl aussehen in der Redaktion der deutschen Ausgabe des größten Laufmagazins der Welt: in der Redaktion von Runner's World in München-Solln. „Die Lage ist hervorragend", sagt Chefredakteur Thomas Steffens.

Von seinem Schreibtisch aus ist es nur ein kurzer Sprint bis in die Isarauen. Aber auch sonst ist das Heft bestens positioniert: Runner's World spurtet der Konkurrenz davon, getragen von einer verkauften Auflage von 58 Tausend Exemplaren pro Monat. Und getragen vor allem von der anhaltenden Begeisterung für die Volksbewegung, die sich jetzt wieder bei den Herbstmarathons in den Großstädten zeigt. New York macht am kommenden Sonntag den Anfang.

Andere Renn-Hefte tauchen, wenn überhaupt, nur unter ferner liefen in der IVW-Verbreitungsstatistik auf. Und mit dem Palaver der Magazine hat Steffens sowieso nichts zu tun. Das hält er in den meisten Fällen für: „total katastrophal". So ist sein Blatt, das

---

2 Auszug aus dem Artikel „Das Geheimnis der roten Muskelfaser" von Martin Thurau aus der Süddeutschen Zeitung vom 31.10.2005, Nachdruck erfolgt mit freundlicher Genehmigung der Süddeutschen Zeitung

bei Gruner und Jahr in Stuttgart erscheint, ein erfolgreiches Beispiel für ein Spezialheft. Steffens sagt: „Als ich angefangen habe, dachte ich: Was soll man bloß dauernd über dasselbe Thema schreiben? Heute weiß ich: Kein Problem." Was man schon immer übers Laufen wissen musste und sich nie gefragt hat – in der Runner's World steht die Antwort. Zwischen Trainingsprogrammen („Steigungen laufen, Fortschritte spüren"), Materialtests („Trinksysteme im Vergleich"), Reportagen („Die 100 Kilometer von Biel") und Aufsätze über Ernährung („Bonbons als Kohlenhydratlieferant") wird kein noch so skurril erscheinendes Thema verschwitzt. Dafür sorgen vor allem die Leser, die sich Rat suchend an die Redaktion wenden. Die Leser beschäftigt zum Beispiel: Wie fest darf ein Schuh geschnürt sein? Macht Laufen dumm? Wer grüßt wen auf der Strecke? Oder: Kann man beim Schnorcheln abnehmen?

So liest sich die 1993 gegründete deutsche Runner's World auch als Spiegel des Freizeitverhaltens: Aus Trimmtrab ist eine Wissenschaft geworden. Steffens sagt: „Schuhe anziehen und loslaufen – das war einmal." Heute häufen auch Hobby-Läufer Spezialkenntnisse über Laktatwerte, das Piriformis-Syndrom und rote Muskelfasern an. Eine Industrie verdient daran unter anderem mit Funktions-Unterwäsche, Energieriegeln, ärztlichen Überprüfungen und satellitengestützten Navigationsgeräten fürs Handgelenk. Eine Entwicklung, die Steffens durchaus kritisch sieht: „Viele Menschen sind der Natur und ihrem Körper entfremdet. Sie erkennen sich nur noch übers Pulsmessgerät." Die neuesten Modelle präsentiert er trotzdem auf seinen Seiten. Er sagt: „Wir sind keine Missionare. Wir wollen niemanden zum Laufen bringen. Aber wir begleiten alle."

Dies bedeutet auch inhaltliche Dehnübungen zwischen Anfängern und Athleten. Um Briefe mit „Betreff Gesundheit" kümmert sich ein Team namhafter Sportmediziner. Aber auch die vier Redakteure, unter ihnen der ehemalige Marathonläufer in der Leichtathletik-Nationalmannschaft, Martin Grüning, wissen aus eigener Erfahrung, was die Leute bewegt. Der 52-jährige Steffens, der den Marathon vor 25 Jahren noch in 2,45 Stunden lief, sagt: „Man muss alle Überlastungsbeschwerden mitgemacht haben, um zu erfassen, welche Tragödie die Achillessehne bedeuten kann." Solches Einfühlungsvermögen belohnt das Publikum mit Treue und Identifikation.

Auswertungsbogen für Balbutiogramm		
Aufgaben für Erwachsene	Zeit (s)	Stottern

1. Wochentage und Monate des Jahres Aufzählen
   Prozent gestottert = Gesamtzahl Stottern/19 x 100
2. Von 21 bis 40 zählen
   Prozent gestottert = Gesamtzahl Stottern x 5		

Sätze Nachsprechen 1. Aus Angst hat ein 80-jähriger Rentner auf zwei Jugendliche geschossen. 2. Eine chinesische Firma plant die Übernahme einer großen amerikanischen Firma. 3. Die Geisteraustreibung am Vorabend zu Allerheiligen wird in Deutschland populär. 4. Wir haben erfahren, dass deutsche Politiker die Eisenbahn privatisieren wollen. 5. Besonders im Stadtverkehr verbraucht unser Auto zu viel Benzin 6. Ich möchte, dass du mir jetzt in aller Ruhe zuhörst. 7. Ich würde gerne mal mit dir zusammen ins Kino gehen. 8. Wie kommt es, dass du Angst vor deinem Chef hast? 9. Ich brauche etwas Zeit, um dir das ausführlicher zu erklären. 10. Du brauchst keine Angst haben, dass ich zu viel spreche. Prozent gestottete Worte = Summe gestotterte Worte		
Text lesen (mind. 400 Worte)		
Gelesenen Text mit eigenen Worten nacherzählen		
Freie Schilderung einer alltäglichen, vertrauten Situation		
Geschätzte Dauer der drei längsten Blocks (0,5 s, 1 s, 2 s, etc. innerlich mitzählen).		
Einschätzung der Schwere von Mitbewegungen und Grimassen **Skala:** 0 = fehlen; 1 = kaum merklich; 2 = erkennbar; 3 = deutlich erkennbar, wenig ablenkend; 4 = sehr deutlich erkennbar und ablenkend; 5 = sehr schwer und quälend anzuschauen **Geräusche:** Atmungs-, Pfeif-, Schnüffel-, Blas- oder Klickgeräusche **Grimassen im Gesicht:** Sprunghafte Bewegungen des Kinns, Zunge vorschnellen, Lippen aufeinander pressen, Anspannung der Kaumuskeln **Kopfbewegungen:** Rückwärts-, Seitwärts- oder Vorwärtsbewegungen des Kopfes, Geringer Augenkontakt, konstantes Herumschauen **Bewegungen der Extremitäten:** Arm-, Hand-, Bein- oder Rumpfbewegungen, Hände im Gesicht, rhythmische Hand- oder Fußbewegungen		

Listen von ein-, zwei- und dreisilbigen Substantiven

Die folgenden Listen von Substantiven wurden aus der Celex-Datenbank (Celex, 1995) ausgewählt. Es handelt sich um relativ bekannte Worte, die im sogenannten Mannheimer Zeitungskorpus von rund 3 Millionen Worten mindestens 50-mal vorkommen. Jede Liste beginnt mit 20 zufällig geordneten einsilbigen Worten. Darauf folgen 20 zwei- und dreisilbige Worte ebenfalls in zufälliger Abfolge. Der Internet-Zugang zu dieser Datenbank ist kostenlos. Bei Bedarf kann man sich hier weitere Wortlisten für andere Silbenzahlen oder Wortklassen zusammenstellen.

Verwendung der Listen beim Zeitlupensprechen:

Zeitlupeninstruktion zum Vorlesen der Worte: Bitte lesen Sie in der ersten Spalte von oben nach unten jedes Wort in Zeitlupe laut vor. Nehmen Sie vor jedem Wort Luft und sprechen Sie es mit weichem Stimmeinsatz in Zeitlupe aus.

Zeitlupeninstruktion zur Bildung von Phrasen aus den Worten: Bitte schauen Sie sich ein Wort aus der zweiten Spalte an und überlegen Sie sich eine Erweiterung des Wortes mit einem Artikel und einem Adjektiv. Z. B. könnte man „Brief" mit „ein schwerer Brief" erweitern. Wenn Ihnen eine Erweiterung eingefallen ist, atmen Sie ein und sprechen Sie „ein schwerer Brief" laut in Zeitlupe aus. Wenn Sie mit einem Atemzug nicht auskommen, atmen Sie ganz ruhig erneut ein und sprechen Sie den Rest der Worte. So arbeiten Sie bitte von oben nach unten die ganze zweite Liste durch.

Zeitlupeninstruktion zur Bildung von Sätzen aus den Worten: Bitte schauen Sie sich ein Wort aus der dritten Spalte an und bilden Sie einen Satz mit diesem Wort. Z. B. könnte man aus „Teil" den einfachen Satz bilden „Das ist ein großes Teil". Bilden Sie nicht so komplizierte Sätze. Wenn Ihnen ein Satz eingefallen ist, atmen Sie ein und sprechen Sie den Satz laut in Zeitlupe aus. Wenn Sie mit einem Atemzug nicht auskommen, teilen Sie sich den Satz auf, atmen Sie ganz ruhig und sprechen Sie den Rest des Satzes aus. So arbeiten Sie bitte von oben nach unten die ganze dritte Liste durch.

Auswertung: Therapeut registriert auf einer Kopie der Liste die Sprechunflüssigkeiten bei jeder Aufgabe.

	Liste 1	Liste 2	Liste 3	Liste 4	Liste 5
1	Schluss	Brief	Teil	Leid	Wurst
2	Tour	Post	Volk	Strand	Bruch
3	Braut	Welt	Arzt	Zoll	Huhn
4	Mund	Schwung	Stock	Köln	Reiz
5	Rang	Rund	West	Luft	Recht
6	Traum	Schuld	Bär	Staub	Feind
7	Werk	Wohl	Schritt	Maus	Herd
8	Zweig	Kunst	Blut	Stamm	Burg
9	Zeit	Hand	Brust	Ton	Reis
10	Schweiß	Ski	Lob	Schild	Funk
11	Feld	Flucht	Griff	Fahrt	Reif
12	Schiff	Zug	Platz	Bar	Christ
13	Graf	Wort	Horn	Sud	See
14	Harz	Zelt	Fuß	Freund	Geist
15	Bild	Rohr	Schar	Kampf	Amt
16	Film	Test	Stoß	Heim	Stand
17	Weib	Salz	Ruf	Sieg	Star
18	Tipp	Ernst	Prinz	Maß	Schloss
19	Heil	Gras	Bau	Reich	Pfalz
20	Wunsch	Schatz	Zins	Fach	Clown
21	Ahnung	Diele	Eindruck	Wiese	Ehe
22	Schlange	Teller	Provinz	Festspiel	Grenze
23	Treffer	Hinblick	Komplex	Verkauf	Rahmen
24	Nahrung	Auszug	Vertrieb	Sphäre	Wohnung
25	Witwe	Landschaft	Unfall	Haushalt	Ansatz
26	Beschluss	Zeichnung	Möbel	Währung	Juli
27	Regel	Fahrgast	Distanz	Zitat	Sammlung
28	Klinke	Brüssel	Bestand	Chaos	Organ
29	Alltag	Kerze	Eifer	Abschluss	Gepäck
30	Roman	Wohnhaus	Hafer	Nordsee	Kuchen

	Liste 1	Liste 2	Liste 3	Liste 4	Liste 5
31	Firma	Gangster	Einfluss	Bindung	Opa
32	Mitleid	Bündnis	Wirkung	Wirtschaft	Fischer
33	Frankreich	Zahlung	Kosmos	Finnland	Ärger
34	Spiegel	Stadtrat	Rückzug	Römer	Wunde
35	Substanz	Eignung	Spende	Abbau	Sauna
36	Einsatz	München	Appell	Kritik	Aspekt
37	Anstalt	Merkmal	Raumschiff	Reform	Szene
38	Rektor	Hauptmann	Armee	Porträt	Hoheit
39	Tiefe	Kuba	Schulter	Stange	Bergbau
40	Klinik	Schreiben	Insel	Flugblatt	Rasse
41	Kilogramm	Arbeitszeit	Verhältnis	Aktivist	Schaufenster
42	Haftbefehl	Verbrechen	Konferenz	Kolonne	Zeitalter
43	Musiker	Vertiefung	Verschärfung	Ausrüstung	Bedürfnis
44	Niederschlag	Funktion	Herstellung	Bekenntnis	Faschismus
45	Verleger	Forderung	Gewissheit	Besserung	Kapelle
46	Länderkampf	Belegschaft	Misserfolg	Volkswirtschaft	Anlage
47	Japaner	Gemälde	Schlafzimmer	Ensemble	Behörde
48	Kommando	Unruhe	Reisende	Handwerker	Geschichte
49	Hochschule	Aussprache	Anpassung	Rechtsanwalt	Widerspruch
50	Aufsichtsrat	Scheinwerfer	Allianz	Gleichgewicht	Afrika
51	Verhalten	Gesinnung	Gouverneur	Kardinal	Journalist
52	Behauptung	Sonnabend	Weltrekord	Bildhauer	Schülerin
53	Fürsorge	Konjunktur	Bekannte	Wirksamkeit	Folgerung
54	Landwirtschaft	Omnibus	Beherrschung	Aufrüstung	Testament
55	Reserve	Anstrengung	Besetzung	Schauspieler	Arbeitsamt
56	Wiederwahl	Darlehen	Straßenbahn	Begleiter	Leidenschaft
57	Übergang	Terrasse	Aufgebot	Kanada	Tabelle
58	Besinnung	Franzose	Bereitschaft	Fortuna	Gelände
59	Philosoph	Seminar	Kraftfahrzeug	Etage	Umstellung
60	Bedenken	Sortiment	Staatsbesuch	Aufnahme	Zwischenfall

	Liste 1	Liste 2	Liste 3	Liste 4	Liste 5
Anzahl Stotterereignisse pro Liste					
A = einsilbige Worte; B = zweisilbige Worte; C = dreisilbige Worte; D = Datum					
A					
B					
C					
D					
Name des Patienten/Bemerkungen					

> **Beratungsbaustein: Aufklärung über die Natur des Stotterns**
>
> Die ersten beiden Kapitel des Buches enthalten detaillierte Informationen über Stottern, die Bedingungen für seine Entstehung und Aufrechterhaltung. Diese Informationen sollen hier nicht wiederholt werden. In Stichpunkten sind im Folgenden Antworten auf einige der am häufigsten gestellten Fragen zusammengefasst.
>
> *Welches sind die Ursachen des Stotterns?*
>
> Stottern entsteht in der frühen Kindheit – normalerweise vor dem 6. Lebensjahr. Stottern hat nicht *eine* bestimmte Ursache, sondern die Symptomatik kann durch mehrere Faktoren verursacht werden. Die Beteiligung von Erbfaktoren zeigt sich in einer familiären Häufungen der Symptomatik. Stottern kann allerdings auch in Familien entstehen, in denen sonst keine anderen stotternden Angehörigen bekannt sind.
>
> Alle am Sprechen beteiligten Prozesse (d.h. Sprechplanung und motorische Ausführung von Sprechbewegungen) und emotionale Vorgänge können bei stotternden Personen verändert sein und Stottereignisse auslösen. Die aus dem Ärger über eigene Sprechunflüssigkeiten resultierende erhöhte Empfindlichkeit gegenüber selbst produzierten Sprechunflüssigkeiten erhöht die Wahrscheinlichkeit von Symptomen im Sinne eines Teufelskreises.
>
> *Wie wirken sich elterliche Erziehungspraktiken auf die Entstehung des Stotterns aus?*
>
> Eltern stotternder Kinder behandeln ihre Kinder nicht systematisch anders (schlechter, besser, nachsichtiger oder ungerechter) als Eltern von nicht stotternden Kindern. Auch sind sie nicht systematisch mehr oder weniger streng, konsequent oder verlangen mehr oder weniger von ihren Kindern als andere Eltern. Aber Kinder mit bestimmten Veranlagungen reagieren auf ganz „normale" Anforderungen empfindlicher als andere und können eine Stottersymptomatik entwickeln.
>
> Es gibt Eltern oder Partner, die ihren stotternden Angehörigen das Leben erleichtern wollen, indem sie ihnen helfen, Sprechsituationen zu vermeiden, indem sie ungewollt Anreize zum Stottern bieten, oder indem sie auf irgendeine Weise versuchen, Benachteiligung durch das Stottern auszugleichen. Dies trägt zur Aufrechterhaltung der Symptomatik bei.
>
> *Was können Eltern tun, um das Sprechen ihrer Kinder zu verbessern?*
>
> Auch wenn Eltern in keiner Weise an der Entstehung des Stotterns ihrer Kinder „Schuld" sind, und die Entstehung auch nicht verursacht haben, können sie dennoch durch ihr Verhalten das Sprechen ihrer Kinder fördern und eine kommunikative Umgebung schaffen, in der die Stottersymptomatik zurückgeht. Umgebungsbedingungen, die einen Rückgang der Stottersymptomatik fördern, sind u.a.: Geringerer Zeitdruck, langsames und ruhiges Sprechen von einfachen und kurzen Äußerungen durch die Eltern, Vermittlung positiver Sprechererfahrungen.

Wenn Stottern neurologisch verursacht ist, können dann verhaltenstherapeutische oder erzieherische Maßnahmen überhaupt wirksam sein?

Es ist richtig, dass Stottern mit Veränderungen in der Anatomie und neurologischen Aktivierung des Gehirns einhergeht. Bislang ist noch nicht geklärt, welche dieser Veränderungen ursächlich an der Entstehung des Stotterns beteiligt sind und welche Veränderungen Folge des Stotterns sind.
Auch Lernen beruht auf Vorgängen und Veränderungen im Gehirn. Das Gehirn kann auch durch Lernen und Training verändert werden. So konnte gezeigt werden, dass erfolgreiche Stottertherapien die neurologische Aktivierung des Gehirns von stotternden Personen ähnlicher der Aktivierung von nicht stotternden Personen macht.

Können neurologische Veränderungen, die mit dem Stottern einhergehen, gezielt durch Medikamente beeinflusst werden?

Die bisher in experimentellen Stotterbehandlungen eingesetzten Medikamente haben Nebenwirkungen und unsichere Hauptwirkungen auf die Sprechflüssigkeit. Bisher untersuchte Medikamente können lediglich unter ganz besonderen Bedingungen zur Ergänzung von Stotterbehandlungen sinnvoll sein (vgl. u. a. Costa & Kroll, 1995; Marcus & Schmidt, 1995; Rothenberger, Johannsen, Schulze, Amorosa & Rommel, 1994).

Wie gut sind die Erfolgsaussichten der Behandlung?

Stotterbehandlungen können dazu führen, dass nach der Therapie spontan symptomfrei, auf kontrollierte Weise flüssig gesprochen oder auf akzeptable Weise gestottert werden kann. Für beginnende Stotterer besonders im Vorschulalter ist nahezu ausnahmslos spontan symptomfreies Sprechen auch unter schwierigeren Sprechsituationen erreichbar. Kontrolliert flüssiges Sprechen ist von älteren Stotterern in den meisten Situationen erreichbar. Bei einigen, vor allem erwachsenen Stotterern, die bereits mehrfach behandelt wurden, ist akzeptables Stottern erreichbar. In der Regel ist bei erwachsenen Stotterern in Abhängigkeit von der Art der Sprechsituation spontan oder kontrolliert flüssiges Sprechen und akzeptables Stottern in Anteilen erreichbar, die individuell unterschiedlich sind. Welche Art von Sprechflüssigkeit in welchen Situationen ein einzelner Patient erreichen kann, lässt sich nicht vorhersagen, sondern muss die Erfahrung zeigen.

Die allgemeinen Informationen über die Symptomatik und Ursachen des Stotterns (s. Kap. 2.5 und Abbildung 2, S. 44) sollen das Verständnis der Patienten der eigenen individuellen Symptomatik bzw. für die Symptome ihrer Kinder verbessern. Angesichts der multikausalen Entstehungsbedingungen des Stotterns wäre es falsch, wenn beim Patienten der Eindruck entstünde, in irgendeinem Sinne „typisch" zu sein: Die Ausprägung der Symptomatik, die Bedingungen ihrer Entstehung und die Symptome aufrechterhaltenden Bedingungen weisen große individuelle Variationen auf. Die Hintergrundinformationen über das Stottern sollen den Patienten die individuellen Besonderheiten der eigenen Symptomatik verstehbar und weniger unheimlich machen. Dieses Verständnis soll im weiteren Verlauf der Therapie den Patienten befähigen, seine eigene Symptomatik durch Veränderungen der Sprechweise zu beeinflussen, Rückschläge im

Therapieprozess zu verstehen und geeignete Gegenmaßnahmen zu ergreifen. Eltern, Kinder oder Partner von erwachsenen Kindern nehmen Einfluss auf das Sprechen der Patienten. Beispielsweise gibt es Eltern, Kinder und Partner, die eine Vermittlerrolle nach außen (Erkundigungen einholen, Einkäufe tätigen, Behördengänge übernehmen, Kontakte mit Ärzten, etc.) übernommen haben. In diesen Fällen müssen in der Therapie die Wirkungen eines Anti-Vermeidenstrainings auf Eltern oder Partner vom Therapeuten mitbedacht werden. Auf jeden Fall müssen die beteiligten Verwandten oder Partner in den therapeutischen Prozess einbezogen und ihre Bereitschaft zur Unterstützung eines solchen Prozesses sichergestellt werden.

Für die Beziehung zwischen Patient und Therapeut ist wesentlich, dass die mögliche Rolle der Eltern, Kinder oder Partner beim Vermeiden von Sprechsituationen ohne Beschuldigung oder Abwertung der Partner angesprochen wird. Eltern oder Partner handeln in der Regel mit besten Absichten für ihren stotternden Angehörigen und wollen helfen. Diese Absicht zu helfen muss lediglich in therapieförderliche Bahnen gelenkt werden. In der Beratung werden neue Wege für bessere und effektivere Hilfen aufgezeigt.

Bernd Leplow

Ratgeber Parkinson

Informationen für Betroffene und Angehörige

(Ratgeber zur Reihe »Fortschritte der Psychotherapie«, Band 16)
2007, 64 Seiten,
€ 8,95 / sFr. 14,60
ISBN 978-3-8017-2099-5

Martin Hautzinger

Ratgeber Depression

Informationen für Betroffene und Angehörige

(Ratgeber zur Reihe »Fortschritte der Psychotherapie«, Band 13)
2006, 75 Seiten,
€ 8,95 / sFr. 14,60
ISBN 978-3-8017-1879-4

Elisabeth Rauh · Winfried Rief

Ratgeber Somatoforme Beschwerden und Krankheitsängste

Informationen für Betroffene und Angehörige

(Ratgeber zur Reihe »Fortschritte der Psychotherapie«, Band 11)
2006, 69 Seiten,
€ 8,95 / sFr. 14,60
ISBN 978-3-8017-1781-0

Claus Bischoff · Harald C. Traue

Ratgeber Kopfschmerz

Informationen für Betroffene und Angehörige

(Ratgeber zur Reihe »Fortschritte der Psychotherapie«, Band 9)
2005, 80 Seiten,
€ 9,95 / sFr. 17,90
ISBN 978-3-8017-1958-6

Karin Elsesser · Gudrun Sartory

Ratgeber Medikamentenabhängigkeit

Informationen für Betroffene und Angehörige

(Ratgeber zur Reihe »Fortschritte der Psychotherapie«, Band 6)
2005, 73 Seiten,
€ 9,95 / sFr. 17,90
ISBN 978-3-8017-1767-4

Dieter Vaitl

Ratgeber Bluthochdruck

Informationen für Betroffene und Angehörige

(Ratgeber zur Reihe »Fortschritte der Psychotherapie«, Band 5)
2004, 60 Seiten,
€ 8,95 / sFr. 16,50
ISBN 978-3-8017-1832-9

Franz Petermann

Ratgeber Asthma bronchiale

Informationen für Betroffene und Angehörige

(Ratgeber zur Reihe »Fortschritte der Psychotherapie«, Band 4)
2004, 61 Seiten,
€ 8,95 / sFr. 16,50
ISBN 978-3-8017-1762-9

Dieter Riemann

Ratgeber Schlafstörungen

Informationen für Betroffene und Angehörige

(Ratgeber zur Reihe »Fortschritte der Psychotherapie«, Band 2)
2004, 79 Seiten,
€ 9,95 / sFr. 17,80
ISBN 978-3-8017-1763-6

HOGREFE

Hogrefe Verlag GmbH & Co. KG
Rohnsweg 25 · 37085 Göttingen · Tel: (0551) 49609-0 · Fax: -88
E-Mail: verlag@hogrefe.de · Internet: www.hogrefe.de

Praxisorientierte Fortbildung für Psychologische und Ärztliche Psychotherapeuten, Klinische Psychologen und Psychiater

Fortschritte der Psychotherapie
hrsg. von Dietmar Schulte · Kurt Hahlweg · Jürgen Margraf · Dieter Vaitl

Christoph B. Kröger
Bettina Lohmann
Band 31: 2007, VIII/122 Seiten,
ISBN 978-3-8017-1828-2

Hans-Georg Bosshardt
Band 32: 2007, VI/108 Seiten,
ISBN 978-3-8017-1353-9

Simon Forstmeier
Andreas Maercker
Band 33: 2008, VIII/110 Seiten,
ISBN 978-3-8017-1987-6

Weitere Bände der Reihe:

Band 1 Rief/Hiller: Somatisierungsstörung und Hypochondrie • **Band 2** Hahlweg/Dose: Schizophrenie • **Band 3** Schneider/Margraf: Agoraphobie und Panikstörung • **Band 4** Hautzinger: Depression • **Band 5** Petermann: Asthma bronchiale • **Band 6** Lindenmeyer: Alkoholabhängigkeit • **Band 7** Backhaus/Riemann: Schlafstörungen • **Band 8** Ehlers: Posttraumatische Belastungsstörung • **Band 9** Kockott/Fahrner: Sexualstörungen des Mannes • **Band 10** Kröner-Herwig: Rückenschmerz • **Band 11** Emmelkamp/van Oppen: Zwangsstörungen • **Band 12** Elsesser/Sartory: Medikamentenabhängigkeit • **Band 13** Vaitl: Hypertonie • **Band 14** Bohus: Borderline-Störung • **Band 15** Stangier: Hautkrankheiten und Körperdysmorphe Störung • **Band 16** Gromus: Sexualstörungen der Frau • **Band 17** Fiedler: Dissoziative Störungen • **Band 18** Jungnitsch: Rheumatische Erkrankungen • **Band 19** Pudel: Adipositas • **Band 20** Goebel: Tinnitus und Hyperakusis • **Band 21** Moggi/Donati: Psychische Störungen und Sucht: Doppeldiagnosen • **Band 22** Bischoff/Traue: Kopfschmerzen • **Band 23** Znoj: Komplizierte Trauer • **Band 24** Jacobi/Paul/Thiel: Essstörungen • **Band 25** Becker/Hoyer: Generalisierte Angststörung • **Band 26** Gaab/Ehlert: Chronische Erschöpfung und Chronisches Erschöpfungssyndrom • **Band 27** Hamm: Spezifische Phobien • **Band 28** Stangier/Clark/Ehlers: Soziale Phobien • **Band 29** Leplow: Parkinson • **Band 30** Vauth/Stieglitz: Chronisches Stimmenhören und persistierender Wahn

Die Reihe zur Fortsetzung bestellen:

Der Preis je Band beträgt € 19,95 / sFr. 32,–. Wenn Sie die Reihe zur Fortsetzung bestellen, erhalten Sie alle Bände automatisch nach Erscheinen (3-4 Bände jährlich) zum Vorzugspreis von je € 15,95 / sFr. 25,80. Sie sparen 20% gegenüber dem Einzelpreis.

HOGREFE

Hogrefe Verlag GmbH & Co. KG
Rohnsweg 25 · 37085 Göttingen · Tel: (0551) 49609-0 · Fax: -88
E-Mail: verlag@hogrefe.de · Internet: www.hogrefe.de